21世紀南山の経済学⑥

リーマンは なぜ破綻したのか

荒井 好和

日本経済評論社

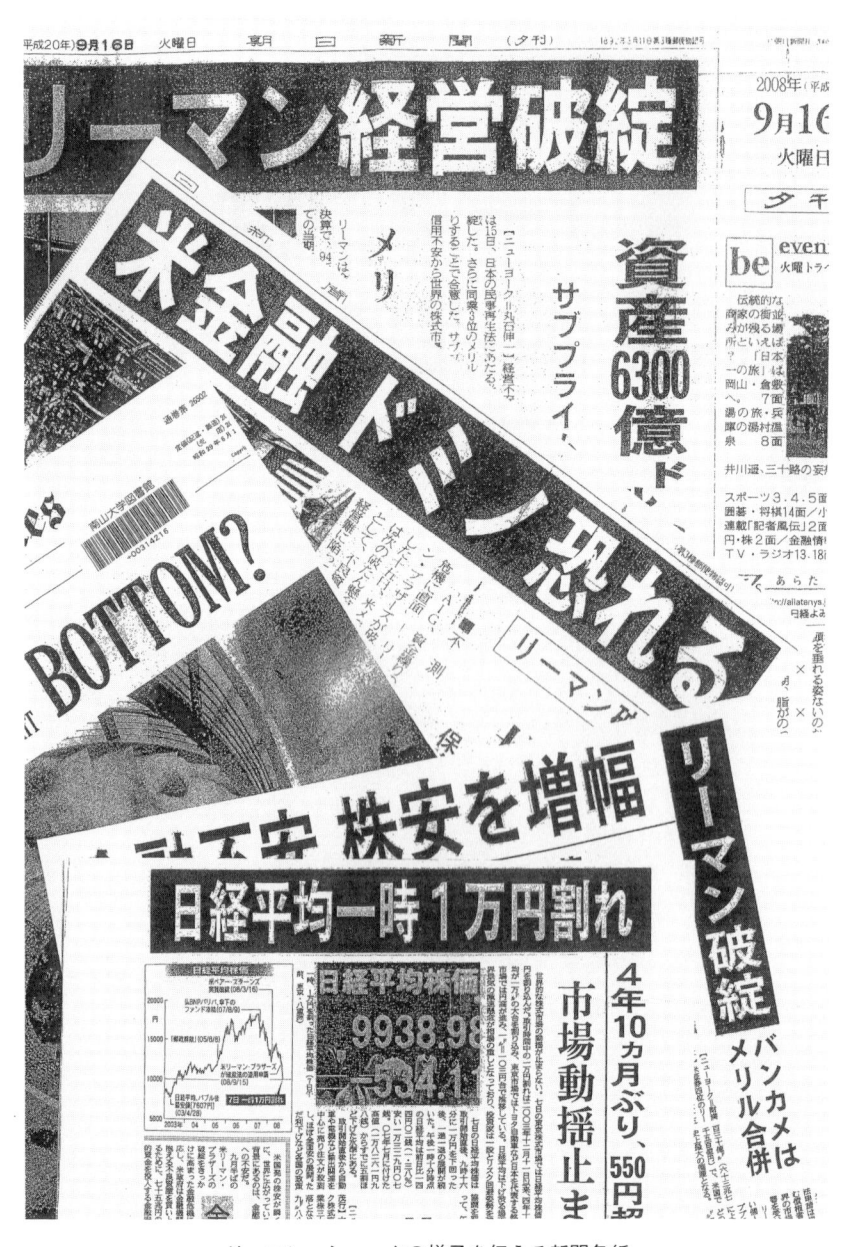

リーマン・ショックの様子を伝える新聞各紙

はじめに

　2008年、アメリカの金融市場は、未曾有の混乱に見舞われた。特に、大手の証券会社リーマン・ブラザーズが経営破綻した９月以降、まさに「金融危機」と呼ぶにふさわしい事態が相次いで起こった。「株価急落」「金融市場の機能停止」「金融機関の破綻・再編加速」といった見出しが毎日のように新聞紙上をにぎわせた。

　アメリカを震源地とする金融危機は、日本やヨーロッパにも飛び火した。日本への影響は軽微にとどまると言われたにもかかわらず、急速に進んだ円高と海外からの需要の急減に直面した輸出企業は、収益の悪化を食い止めるために、人員削減に着手した。解雇の波は、自動車産業や電機メーカーにとどまらず、産業一般に広がりを見せ、雇用不安が大きな社会問題になった。暮れには、年越し派遣村が設置され、厚生労働省や東京都が仕事を失った派遣労働者に宿泊所や食事を提供する様子がメディアで報道された。

　大学卒業生の就職も大きく落ち込んだ。企業が新卒採用を手控えたり、内定を取り消したりしたからである。こうした出来事が起こると、私たちの日々の生活が国外の経済活動といかに密接に結びついているか、改めて気づかされる。

　なぜ、リーマンは破綻したのであろうか。一般には、「証券化」や「ヘッジファンド」向けの融資業務などのために、資産を積み上げる高「レバレッジ」経営を進めたことが破綻の原因とされている。しかし、そうした経営行動の背景を探っていくと、「金融の自由化」という≪制度設計の変更≫のあり方に一つの大きな原因があることに気づく。

　制度というのは、経済活動を行なうにあたって遵守しなければならない、ルールのようなものである。ルールの適用や変更は、「金融システム」を構

成する全ての金融機関を対象にすることが望ましい。ところが、銀行以外の金融機関、例えば、証券会社や投資信託を販売する投資会社などに対しては、限定的に規制を課すか、規制の対象にはしていなかった。こうしたルールの不徹底が、リーマンを破綻させ、その後の影響を大きくさせたのである。

さらに、ルールの適用や変更は、雇用や所得など私たちの生活に直接響くことである。だから、それが金融の分野だけでなく、経済全体に対してどのような影響を与えるかを考える必要がある。

そうした視点から、世界金融危機の引き金になったリーマン・ブラザーズという一つの企業の行動を追いながら、その背後で進行していたアメリカの金融自由化が持つ問題を探ってみよう。

この小冊子は、金融システムの入門用として書かれたものである。主な読者として大学初年時の学生を想定しているが、高校生にも理解できるよう配慮した。高校教科書『現代社会』には、サブプライム・ローンやリーマン・ショックに関する記述があり、高校生も金融システムの動揺が世界経済に混乱を与えたことは知っているからである。

リーマンが経営破綻してから、すでに7年経っている。それなのになぜ、いまリーマンなのか。その理由を簡単に述べておきたい。

第1に、世界経済は、いまなおリーマン・ショックの影響から完全には脱しきれていない。当のアメリカはもちろんのこと、日本やヨーロッパでも経済を刺激するために、金融システムにカンフル剤を打ち続けている。このように、いったん金融危機が起これば、その修復には何年も苦しまなければならない。

第2に、金融危機は、「多年草」であるといわれる。将来再び芽を出すかもしれないという意味である。これまでの長い歴史の中で、金融危機は、直接の原因は異なるが、世界の各国で幾度となく繰り返されてきた。リーマン・ショックの原因に、その手がかりを得ることは無駄ではないはずである。

第3に、「金融のグローバル化」が進んで、家計の預金や老後に備える年

金積立金も、金融機関による資金運用を通じて、リーマンなどが組成した「金融ハイテク商品」に投資されていた。金融システムが「カジノ化」する中で、家計もまた、好むと好まざるとにかかわらず、同じ船に乗り合わせていたのである。日本の私たちも、世界最大の公的年金といわれる年金積立金管理運用独立行政法人（GPIF）の運用次第では、ギャンブルに巻き込まれかねない。本書の副題には、そうした危惧の念が込められている。

　本書は、（Ⅰ）アメリカの金融システムを概観したのち、（Ⅱ）リーマン・ブラザーズはなぜ経営破綻したのか、（Ⅲ）そのリーマンが「プレーヤー」（市場参加者）であったアメリカ金融システムの「ゲームのルール」は、どのように変化してきたのか（金融自由化）、（Ⅳ）金融自由化はアメリカ経済に何をもたらしたのか、を考える。

　そして、（Ⅴ）アメリカを手本として進められている日本の「金融立国化」への動きを取り上げ、金融立国という選択は、家計にいたずらなリスクを引き受けさせる幻想に過ぎないことを示す。

　なお、本書を理解するうえでカギとなる「レバレッジと収益率」と「証券化」については、やや専門的になるので、〔補論〕で解説しておこう。

　専門用語は、極力避けたが、やむを得ない場合は注（＊）で解説した。また、本書では、1ドル＝100円として記述しているが、これは問題を少しでも身近に感じてもらうための便宜である。

　本書の執筆に際しては、多くの方々のお世話になった。川﨑勝元南山大学教授には草稿全体に目を通していただき、多くの有益なコメントを頂戴した。また、日本経済評論社の鴨田祐一氏には編集の面でお世話になった。本書が少しでも学習の意欲を高める効果をもつとすれば、それはお二人の工夫のおかげである。また、本書執筆への刺激を与えてくれたゼミナール生、講義の受講生にも負うところが多い。これらの人々に厚くお礼を申し述べたい。

＊　本書校正中の2015年12月、アメリカの中央銀行である連邦準備制度理事会（FRB）

は、リーマン・ショック以来採用してきたゼロ金利政策を解除した。しかし、アメリカ経済をみると、雇用の伸びはリーマン・ショック前と比べてはるかに緩やかで、インフレ圧力の兆候もみられない。一方、日本やヨーロッパは今なお金融緩和政策をとり続けており、中国などの新興国は景気の急減速に見舞われている。こうした状況を考えると、アメリカの金融引き締めの判断には、疑問をいだかざるをえない。

目　次

はじめに　i

I　アメリカの金融システム ……………………………………………1
　　1　新しいプレーヤーの参加——シャドウ・バンクの台頭　1
　　2　リーマン・ブラザーズとはどのような会社なのか？　5

II　リーマン・ブラザーズはなぜ経営破綻したのか？ ……………11
　　1　ハイ・レバレッジ経営　11
　　2　新たな拡張戦略の誤算　15
　　3　リスクの蓄積と流動性不足　17

III　金融規制・監督の落とし穴 …………………………………………21
　　1　金融自由化と銀行の証券業務進出　21
　　2　証券取引委員会（SEC）の規制放棄とハイ・レバレッジ依存経営　24
　　3　リスク管理の落とし穴——SECの監督体制　26

IV　金融自由化の帰結 ……………………………………………………29
　　1　金融自由化はアメリカ経済に何をもたらしたか？　29
　　2　金融の役割とは何か？　30
　　3　証券化と資本市場の肥大化　33

V　これからの日本の金融システム
　　——「金融立国」の実体はギャンブルのススメ？ ……………35
　　1　ビジネスモデル——離脱か追従か？　35
　　2　家計の資産選択問題　37

3　「金融立国」は幻想である——家計のリスク負担能力は限界　40
　　おわりに　42

Ⅵ　補　論 ……………………………………………………………… 45
　　1　レバレッジと収益率について　45
　　2　証券化について　46

参考文献　51
索　引　53

I　アメリカの金融システム

1　新しいプレーヤーの参加——シャドウ・バンクの台頭

金融資産の蓄積と金融仲介

　私たちの家計は、通常、受け取った所得をすべて消費のために支出するわけではなく、一部を貯蓄にまわす。貯蓄をして購買力を将来に持ち越すのは、不確実な将来の支出に備えるためである。

　貯蓄は、金融取引を通じて銀行預金や保険、債券、株式といったさまざまな金融資産の形で保有される。これらの金融商品は、いずれも将来の利子・配当の支払いや元本の返済条件を表わした借用証書でもあり、その所有者である家計にとっては金融資産*であるが、発行者（銀行、保険会社、事業会社など）にとっては金融負債である。

> *　**金融資産の流動性**　家計が保有する金融資産は、さほど価値を下げずに現金に転換できる。資産から現金への転換の容易さを「流動性」という。銀行預金はもちろん、株式・債券なども組織化された市場を通じて容易に現金化（流動化）することができる。貯蓄が流動的な金融資産の形で保有され、その結果、社会に膨大な金融資産が蓄積されているのが、現代経済の特徴である。

　家計の金融取引を、金融機関の側から眺めてみよう。銀行や保険会社などの金融機関は、資金の貸手である家計が望む借用証書（預金証書や保険証書など）を発行し、集めた資金で借手が発行する借用証書（証書や手形など）を買い取る。こうして、資金の貸手と借手を結びつけている。

　金融機関は家計に対して資金の運用手段を提供する一方、事業会社などの資金調達ニーズに応えている。金融機関は、形式的には、右から借りて左に貸す「仲介機関」ではあるが、資金を仲介する過程で、流動性を供給すると

ともに、自ら貸付けのリスクを負担しているのである。

　資金の貸手と借手を結びつける機能を「金融仲介機能」という。「金融システム」とは、この金融仲介機能を果たしている仲介機関の集合をいう。

　金融機関は資金をどのように集め、どのように運用しているか[*]。以下では、金融機関の運用面を取り上げよう。運用面に注目するのは、それによって金融システムの中でどの金融機関が主要な「資金の出し手」（資金の供給者）となっているかがわかるからである。それには金融機関の資産の変化を見ればよい。

　　[*]　**資金循環統計**　金融機関の資産と負債の変化を見れば、家計、事業会社、政府などすべての経済部門と金融機関との取引、すなわち資金の調達と運用から見た一国の金融仲介構造を捉えることができる。こうした金融活動を包括的に捉えるのが資金循環統計である。資金循環統計の入門書として、日本銀行（2001）をあげておく。

アメリカの金融仲介構造

　リーマン・ショックが起こる2008年9月まで、アメリカの金融システムには何が起こっていたのであろうか。

　表1は、各種の金融機関それぞれの資産残高の保有割合を、1960年から2004年までの長期にわたって見たものである。

　ここでは、金融機関は、預金金融機関と非預金金融機関に大別されている。預金金融機関とは、預金を取り扱う金融機関のことで、その中心は商業銀行と貯蓄銀行である。

　銀行以外の非預金金融機関には、「保険会社」「年金基金」「その他金融機関」が含まれる。

　保険会社は、生命保険会社と損害保険会社である。

　年金基金は、企業年金積立金と政府職員などの退職年金積立金である。年金基金は、従業員への年金支払いのために、企業や政府が外部の受託機関に原資を積み立て、その管理・運用を委託している。年金基金が資金の出し手としてのウェイトを高めているのは、これらの基金の原資が年々増大しているからである。

表1　全金融資産に占める各種金融機関のシェア（％）：1960-2004年

	1960年	1970年	1980年	1990年	2000年	2004年
預金金融機関	50.5	55.2	52.5	37.3	24.6	25.0
非預金金融機関	41.9	39.6	44.0	60.3	73.7	73.3
保険会社	20.7	15.1	13.1	13.0	10.7	11.3
年金基金	10.9	12.7	16.0	19.1	19.7	16.0
その他金融機関	10.3	11.8	14.8	28.1	43.3	46.0

出所：FRB, Flow of Funds Accounts of the United States, web site より作成。
注：通貨当局（連邦準備銀行）等を除いているため、合計しても100％にはならない。

　その他金融機関には、さまざまなものが含まれる。まず、マネー・マーケット・ファンド（MMF）*がある。MMFは、日本でいう投資信託に相当するが、アメリカでは投資会社と呼ばれ、株式を発行して投資家から集めた資金を短期の金融商品に投資し、投資家には現金支払いを約束する金融サービス組織である。

* **MMF**　MMFは、最低投資単位が数千ドルと小さく、また安全性と換金性に優れていることから、銀行預金に代わる金融商品として人気を集めるようになった。1990年代後半以降には、大口投資家向けMMFの割合が高まっている。2004年末には、MMFの残高は、金融資産総額の4％（1兆8,799億ドル（187兆9,900億円））を占めていた。MMFは、短期金融市場での巨大な資金の出し手であることから、「キャッシュ・マシーン」とも呼ばれている。

　その他金融機関には、MMF以外に、証券会社、証券化事業体、政府系金融機関などがある。これらはいずれも「証券化」といわれる事業内容と深い関わりを持っている。
　証券化とは、市場で直接売買できない債権、例えば、銀行が企業に貸し付けた貸付債権や家計に融資した住宅ローン債権などを、市場で売買できる有価証券に作り直して——流通しやすい形にして——投資家に売却することである。
　リーマンなど大手の証券会社は、積極的に証券化事業を行なっていた。同じように、大手の商業銀行なども、証券化商品を作るために特別な事業体

（証券化事業体）を別会社として設けていた。

　政府系金融機関もまた、民間銀行の住宅融資を支援するだけでなく、民間の住宅ローン債権を買い取って、それをもとに証券化した商品（住宅ローン担保証券）を作っていた。

　その他金融機関の資産には、こうしてつくり出された証券化商品の残高も含まれている。

アメリカ金融システムの特徴──シャドウ・バンクの台頭

　表1から、アメリカの金融システムの特徴を拾い出してみよう。

　まず、第1に、銀行のシェアが縮小している。かつて金融資産全体の半分以上を占めていた銀行のシェアは、1/4にまで低下している。これは、銀行の貸付けが縮小しているためである。

　第2に、銀行以外の金融機関のシェアが高まっている。2004年末の時点で、資産全体は47兆ドル（4,700兆円）であったから、実に、その3/4の35兆ドル（3,500兆円）余りがこれらの金融機関によって保有されていたことになる。

　そのシェア拡大は、主として、その他金融機関に分類されているMMFや、証券化を積極的に進めている証券会社、証券化事業体や政府系機関によることがわかる。これらは、非預金金融機関ではあるが、銀行と類似の機能を果たしていることから、シャドウ・バンク（影の銀行）と呼ばれている。

　例えば、MMFは、銀行のように預金で資金を集めるのではなく、株式を発行して市場から多額の資金を調達し、それを国内や海外の銀行や証券会社などに融資する、つまり資金の仲介活動を行なっている。

　第3に、シャドウ・バンクの多くは、金融システムの新しいプレーヤーである。新しいプレーヤーの参加が、特に、1990年代以降活発にみられるようになった背景には、「規制の回避」といわれる行動がある。

　銀行は預金を取り扱っているため、他の金融機関と比べて、相対的に厳しい規制を受ける。このため、規制が比較的緩い業態に進出して、金融技術を活用した取引を志向する動きが活発化した。それがシャドウ・バンクであ

る。シャドウ・バンクは、「金融システムの中に並行して存在しながら、銀行としての規制を受けないプレーヤー」(翁（2010））なのである。

　しかし、シャドウ・バンクにはそれほど注意が払われてこなかった。アメリカでは、金融機関を規制・監督する当局は、金融機関ごとに異なっているといってもよい。そのため、中央銀行である連邦準備制度理事会（FRB）が、シャドウ・バンクのシェア増大に伴う資産バブル崩壊の危険性に言及したのは、ようやく危機直前の2007年のことであった（Kohn（2007））。

　FRBの対応にみられるように、銀行の動向だけに目を奪われていたら、金融システム全体の変化を見誤る恐れがある。金融システムの変化は一時的な現象か、それとも構造的なものか、構造的な変化であるならば、シャドウ・バンクの役割や実体経済との関わりなどについて、さまざまな角度から検討される必要がある。本書で、シャドウ・バンクを代表する業態に属していたリーマンを取り上げる理由もそこにある*。

*　現在のシャドウ・バンク　リーマン・ショック後、シャドウ・バンクの金融資産は減少しており、2010年以降には、再び銀行のシェアがシャドウ・バンクを上回っている（小立（2013））。これが一時的な現象かどうかは、今後、シャドウ・バンクにどのような規制が課されるかに大きく依存する。

2　リーマン・ブラザーズとはどのような会社なのか？

アメリカの証券業界

　シャドウ・バンクの一つであるリーマン・ブラザーズ・ホールディングス（以下、リーマン）は、大手証券会社である。ただ、証券会社（ブローカー・ディーラーという）といっても、業務内容は会社の規模によって大きく異なる。

　アメリカの証券業界で目につくのは、会社数の多さである。2000年代に入ってその数は一貫して減少傾向にあるものの、2008年の時点でも約4,800社余りと、日本の約300社を大きく上回っていた（日本証券経済研究所（2013）（2014））。

しかし、そのうちの約9割は、もっぱら地域に密着して個人向けの営業に徹している小規模な証券会社で、顧客（投資家）から受けた証券の売買注文を取引所などに取り次ぐこと（委託）を主な業務としている。小規模会社の収入の大半は委託手数料で、証券業の最も伝統的な営業スタイルを保っている。

　一方、リーマンのような大手の証券会社は、大企業・金融機関・機関投資家*といった法人や政府機関を取引相手とし、しかも特定の業務分野に特化している。これらの大手は、伝統的に担ってきた業務にちなんで、「投資銀行」と呼ばれることが多い。

> ＊　**機関投資家**　個人投資家に対比して使われる言葉で、顧客から提供された資金を運用、管理する大口の法人投資家をいう。年金基金、投資顧問会社、生命・損害保険会社などを指す。機関投資家が増大した背景には、経済成長とともに国民の金融資産の蓄積が進んだこと、保険や年金などの長期の資金運用にはインフレリスクを避けながら、高い運用成果が求められることなどが挙げられる。

　近年では、大手への集中が進んでいて、2005年の時点では、大手上位10社でアメリカ証券会社の総収入の68％、総資本の64％を占めていた。なかでも、資産規模の大きい大手5社（メリル・リンチ、ゴールドマン・サックス、モルガン・スタンレー、リーマン・ブラザーズ、ベアー・スターンズ）*は別格で、大手商業銀行と並んでアメリカ金融業界の中軸になっていた。大手5社はいずれも証券持株会社で、その傘下に子会社として証券会社を持っていたのである。リーマンの証券子会社は、リーマン・ブラザース・インク（Lehman Brothers Incorporated：LBI）である。

> ＊　**大手証券持株会社5社**　5番手のベアーは、2008年5月、大手銀行のJPモルガン・チェースに救済買収され、リーマン破綻後には、メリルがバンク・オブ・アメリカに買収された。ベアーとメリルは、銀行持株会社傘下の証券子会社となった。また、ゴールドマンとモルガンは、銀行持株会社に業態転換したため、投資銀行という業態そのものが2008年に消滅してしまった。銀行持株会社とは、持株会社（親会社）の傘下に、銀行や証券会社を子会社として持つことができる企業形態をいう。

リーマンの収益概況

　4番手のリーマンは、1850年に創立された老舗で、破綻に至るまで7,000

図1　純収入、純利益の推移

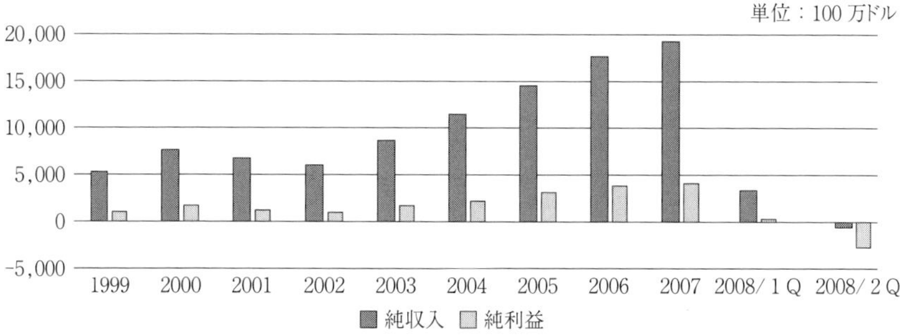

単位：100万ドル

出所：Lehman Brothers Holdings Inc., Form 10-K, Form 10-Q より作成。
注：図中のQは四半期の意味で、1Q（12/1～2月末）、2Q（3/1～5月末）である。

億ドル（70兆円）余りの資産を有していた。2008年9月に経営破綻するまでの収益状況を概観しておこう。

図1に示すように、ITバブル*が崩壊した2001年以降収益は低迷したが、2003年には回復基調となり、2006～07年にはリーマンだけでなく投資銀行全体が最高益を更新した。とりわけリーマンは、99年からわずか10年足らずで、売上・利益を4倍近くまで伸ばしている*。

* **ITバブル**　ITバブルとは、IT関連ベンチャー企業の急増で、1999年から2000年にかけて株価が急騰した現象を指している。バブルは2001年に崩壊し、株価下落で5兆ドル（500兆円）が投資家の帳簿上から消えたとされる。
* **リーマンの営業網**　リーマンの地域別収入の内訳をみると、2007年には、アメリカ以外の地域（ヨーロッパ・中東・アジア太平洋地域）からの純収入が50％を占めている。グローバルな事業展開も、日本の証券会社とは大きく異なっている。2005年、インターネット関連ビジネスで急成長したライブドアがニッポン放送に敵対的買収を仕掛けた時、資金面でバック・アップしたのはリーマンの日本法人リーマン・ブラザーズ証券であった。この時、同社は、ライブドアが発行した800億円の転換社債（社債の一種で、事前に決められた転換価額で株式に転換できる）を引受けている。

しかし、2008年に入ると一転して売上は急減し、第2四半期（3-5月）には減収・減益となり、6月には上場以来はじめてとなる28億ドル（2,800億円）の損失を発表した。短期間での事業成果の急増と急減、リーマンは、一体どのようなビジネスを行なっていたのであろうか。

リーマンの業務内容

リーマンは、自社の業務を「投資銀行業務」「資本市場業務」「投資管理業務」の三つに分けていた。以下では、中心となる初めの二つの業務について説明しておこう。

まず、投資銀行業務は、大手証券会社の伝統的な業務である。具体的には、顧客企業に対して、合併・買収（M＆A）の提案や調査を行なったり、企業や政府機関が発行するさまざまな証券を引き受けて流通させ、円滑な資金調達を支援する。

ところが2000年以降になると、どの投資銀行も自己の資金を使ってさまざまなリスクを引き受ける資本市場業務を積極的に手がけるようになった。この業務は、一般には、トレーディング業務[*]と言われている。その取引対象は、証券・不動産から通貨・コモデティ[*]（石油・貴金属・電力などの商品）に至るまで極めて広い。リーマンも、機関投資家やヘッジファンド[*]向けに証券化商品を組成・販売して、高い収益を追及するビジネスモデルを拡大していった。

トレーディング業務の狙いは、積極的にリスクをとって収益を追求することにあるから、損失が生じた際に、それを吸収できるだけの十分な自己資本を用意しておかなければならない。きわめて多額の資本を必要とする業務でもある。

* **トレーディング業務**　金融市場から調達した資金を元手に、自己の計算で有価証券などに投資して利益を狙ったり、損失に備えてヘッジ取引をすること。
* **コモデティ**　コモデティへの投資は、通常は、商品先物売買などを利用するので現物の受け渡しはない（ペーパー取引）。しかし、モルガンやゴールドマンなどは、コモデティの現物を実際に取り扱い、主要な供給者となっていた。およそ証券会社というイメージからかけ離れている。

資本市場業務の重視と巨額の借入

2006年からは、資本市場業務に一層拍車がかかった。長期投資に乗り出す新たな成長戦略が取り入れられたからである。引き続き住宅ローンなどの証券化事業を続ける一方、商業用不動産投資や企業再生を行なうファンドある

> 【コラム】ヘッジファンド
> 　ヘッジファンドとは、富裕層・各種の基金（年金基金・退職金基金など）や機関投資家（生命保険など）などから私的に募った大規模な資金を、ゼネラル・パートナーと呼ばれるファンド運営者が、株や債券をはじめ、各種の金融派生商品（デリバティブ）を駆使して高い運用収益を目指す、投機色の強い組織である。2005年末の時点で、ヘッジファンドは約8,000社、運用金額は1兆ドル（100兆円）であったが、2008年6月末には約1万社、1.9兆ドル（190兆円）に急成長していた。リーマンは、100社近くのヘッジファンドのプライム・ブローカー（ヘッジファンドに代わって、株・債券などの投資の執行や記帳、管理業務を請け負う）として、ヘッジファンドのファイナンス活動に深く関わっていた。

いは特定の企業そのものに出資して、積極的に投資するようになった。
　なかでも、レバレッジド・ローンの比重が高まった。企業の買収には、シンジケート・ローンがしばしば利用される。リーマンは、シンジケート・ローンの中でも、特にレバレッジド・ローンに積極的に関わっていったのである。信用格付けが低いという点で、レバレッジド・ローンは、住宅ローンのサブプライム・ローンと共通している。
　その結果は、借入による総資産の急激な増大（バランスシートの肥大化）

> 【コラム】さまざまなローン
> シンジケート・ローン：幹事金融機関のもとに、複数の金融機関が協調融資団を作って、企業の大規模な資金調達の要請に応えること。シンジケート・ローンの中で、借手の信用格付けが低いローンをレバレッジド・ローンという。
> サブプライム・ローン：過去に支払いの遅れや債務不履行などの履歴を持つ（質の劣った）借手に対して貸し出されるローンである。なお、プライム（通常の質）とサブプライムの中間に位置づけられていて、所得や資産を証明する書類を提供できない借手に向けて提供されるローンを、Alt-A ローンいう。

図２　総資産とレバレッジ比率の推移

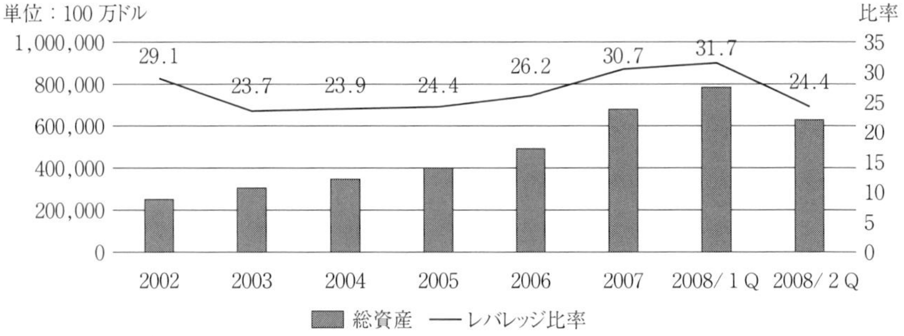
単位：100 万ドル
比率
1,000,000
800,000
600,000
400,000
200,000
0
35
30
25
20
15
10
5
0
29.1
23.7
23.9
24.4
26.2
30.7
31.7
24.4
2002
2003
2004
2005
2006
2007
2008/ 1 Q
2008/ 2 Q
総資産
レバレッジ比率

出所：Lehman Brothers Holdings Inc., Form 10-K, Form 10-Q より作成。
注：レバレッジ比率とは、自己資本に対する総資産の割合である。

である。

図２をみると、リーマンの拡張戦略の軌跡がわかる。2002年から2008年第２四半期までの間に総資産は３倍以上、特に2006～07年の１年間で実に37％も増加している。積極的に借入れを増やしたため、レバレッジ比率は30を超えた。しかし、図１と対応させてみると、2006年から2008年第１四半期にかけて、総資産は増えているものの純収入は減少しているのがわかる。なぜか。そこに破綻の原因がある。

II　リーマン・ブラザーズはなぜ経営破綻したのか？

1　ハイ・レバレッジ経営

バランスシートとは？

　リーマン破綻の原因を探るには、バランスシート（貸借対照表）を手掛かりにするのがよい。

　一般に、企業のバランスシートは、表2のような構成になっている。バランスシートの右側の枠は事業活動に必要な資金がどのように調達されたか、左側の枠は調達された資金がどのような用途に運用されたかを、それぞれ表している。自己資本は、株主からの出資金やそれまでに得た利益を留保した部分からなり、資産と負債の差額で示される。

　ここで注意することは、自己資本は、企業内に「取り分けられている」のでも「保有されている」のでもないということである。企業が「保有」しているのは、自己資本と負債を元手に運用したさまざまな債権、つまり融資をはじめとする「資産」である。

　括弧内には、証券会社の主要な資産・負債項目を挙げてある。もともとの証券業の基本は、証券の貸借である。証券の貸借取引には担保金が付随する

表2　企業のバランスシート

資産	負債〔借入〕
（有価証券担保貸付金）	（有価証券担保借入金）
（トレーディング商品）	（トレーディング商品）
	自己資本

ため、証券を貸しつけて担保金を受け入れれば借入金に、証券を借り入れて担保金を差し入れれば貸付金となる。

ところが、先に述べたトレーディング業務（リーマンでいう資本市場業務）が拡大してくると、証券会社は自己資金を使って証券を売買したり、デリバティブ取引を行なう比重が高まってくる。こうした取引は、トレーディング商品に記録される。

リーマンのバランスシートの特徴

リーマンが証券取引委員会（SEC）[*]に提出した『四半期報告書』をみると、2008年第2四半期末（5月31日）の時点で、資産は6,394億ドル（63.9兆円）、負債は6,131億ドル（61.3兆円）、資産から負債を差し引いた自己資本は263億ドル（2.6兆円）となっている。

> ＊　**証券取引委員会**　独立した監督官庁で、証券取引のルールを定めたり、証券業者の活動を監視・監督する。1934年の証券取引所法に基づいて設立された。証券をSECに登録した会社は、年次報告書や四半期報告書などをSECに定期的に提出する義務を負っている（黒沼（2004））。

資産を100単位に置き換えると、リーマンのバランスシートの特徴がよくわかる（表3）。

【コラム】デリバティブ

デリバティブとは、金利、通貨、債券、株式など（これらを原資産と呼ぶ）の受け渡しや売買に関する権利・義務を表したものである。デリバティブには、先渡（フォワード）・先物（フューチャーズ）・スワップ・オプション取引などがある。例えば、先渡取引や先物取引はいずれも、ある原資産を将来の一定期日に、一定の価格で受け渡すことを前もって決めておく取引である。デリバティブ取引が活用されるようになったのは、デリバティブには原資産の価格変動のリスクを回避する（リスク・ヘッジ）機能があるからである。また、先物取引の場合には、決済は差金決済が中心で、原資産の受渡しを行なわない。このため、少ない資金で大きな取引ができ（レバレッジ効果）、ハイリスク・ハイリターンを追求する手段ともなりうる。

表3　リーマンのバランスシート（2008年5月31日）

資産	100	負債	96
		自己資本	4

　一見して明らかなように、負債が極端に大きい。負債は借入であるから、資金の貸手に確実に返済できるかどうかが大きな問題になる。この点は後に述べる流動性のリスクに関わってくる。

　当然のことながら、巨大な負債に反して、自己資本は極端に少ない。しかし、わずかな自己資本でも、借金をすることで大きな投資が可能になる。これが「レバレッジ（てこ）効果」といわれるものである[*]。

> [*]　**レバレッジ効果**　これを日本の家計に例えれば、手元資金（自己資本）がわずか120万円でも、2,880万円の住宅ローン（マイホームの96％相当の負債）を組めば、3,000万円のマイホーム（資産）が手に入るようなものである。

　資産を自己資本で割った値はレバレッジ比率と呼ばれ、リーマンのそれは25になる。また、レバレッジ比率の逆数は、自己資本比率で4％である。レバレッジ比率と自己資本比率の関係を改めて示せば、以下のとおりである。

　　レバレッジ比率＝総資産／自己資本
　　自己資本比率＝自己資本／総資産＝1／レバレッジ比率

レバレッジ効果

　レバレッジ効果がいかに大きいか。次のようなケースを考えてみよう。いま、負債の価値は96単位のままで変わらず、資産の価値が5％上がったとしよう（表4）。自己資本は、資産と負債の差額であるから、資産価値5％の上昇は、自己資本の増加を意味する。

　初めの自己資本4単位を使って5単位の収益増加が得られたわけであるから、収益率は125％〔｛(105−100)／4｝×100＝125〕になる。もし自己資本が2倍の8単位であれば、資産の価値が5％上昇しても、収益率は62.5％〔｛(105−100)／8｝×100＝62.5〕へと半減する。借金をしてレバレッジを高

表4　資産価値の変化とレバレッジ効果

資産 100	負債 96
	自己資本 4

⇒

資産 100	負債 96
	自己資本 4
5	5

資産の価値の増加分 ←

→ 資産の価値の増加による自己資本の増加

めれば、劇的な効果が得られるのである。

　誰もが資産の価値の上昇を信じて疑わないバブルの状況では、損失が発生するというシナリオは馬鹿げていると見なされる。しかし、資産の価値が下落すると、事態は暗転する。

デ・レバレッジの悪夢

　リーマンの『四半期報告書』の数字から、資産の価値が1％下落すると、リーマンの自己資本は6,394億円〔639,400×0.01＝6,394〕、3％下落すると1兆9,182億円が帳簿上から消え去ることがわかる。

　その状況を示したのが表5である。資産の価値が3％下落して97単位になると、収益率は−75％〔｜(97−100)/4｜×100＝−75〕となる。資産の価値の減少分3単位は、自己資本で償却されなければならないから、自己資本は1単位に減少する。自己資本比率は、4％から1.03％へと急減してしまう。

　この状態で、リーマンは、増資によって自己資本を増やさずに、再び自己資本比率を4％に戻そうと考えたとしよう。

　自己資本は1単位だから、4％の自己資本比率を達成するために保有すべ

表5　資産価値の悪化とバランスシートの変化

〈当初〉

資産 100	負債 96
	自己資本 4

⇒ 〈資産の価値の下落〉

資産 97	負債 96
	自己資本 1

⇒ 〈自己資本比率の回復〉

資産 25	負債 24
	自己資本 1

き資産は、25単位になる〔1/0.04＝25〕。つまり、資産を97単位から25単位へと74％減らさなければならない。

単純に、74％の資産削減をリーマンのバランスシートの数字に当てはめると、約16兆円の資産を売却しなければならないことになる。事実、リーマンは、経済状況が悪化してくる中、資産600億ドル（6兆円）の売却を試みたが、安値で見切り売りを余儀なくされた。売却に着手するのが遅すぎたからである。

自己資本比率が極端に低い（レバレッジ比率が高い）と、資産売却による「デ・レバレッジ（レバレッジの解消）」がいかに厳しいものになるか、資産の価値が4％下落して96単位になれば、自己資本はゼロ、つまり支払い能力は失われリーマンは破産状態になる。

借金を膨らませて投融資を拡大する、ハイ・レバレッジに依存したリーマンの経営は、資産価値の持続的上昇を見込んだきわめて危険なものだったのである。

2　新たな拡張戦略の誤算

失敗だった資本市場業務

リーマン破綻の経緯を調査したバルカス報告（Valukas（2010））[*]によれば、ハイ・レバレッジ経営だけでなく、無謀で積極的な「拡張戦略」も破綻の要因であった。

> ＊　バルカス報告　2008年9月15日、リーマンは、連邦破産裁判所に法的倒産手続きを申請した。バルカス報告とは、裁判所によって調査官に任命されたアントン・バルカスが、リーマン破綻の経緯を詳細に記述した報告書のことである。この報告書は、インターネットで入手できる。

リーマンは、2006年から新たな拡張戦略に乗り出したが、2006年にはアメリカの住宅価格は下落し始め、サブプライム・ローンの延滞率も年末には13％台へと上昇していた（BIS（2007））。それにもかかわらず、リーマンが資本市場業務を拡大していったのは、サブプライム・ローン問題が経済全体

表6　各業務の寄与率（%）

	1999-2000	2000-01	2001-02	2002-03	2003-04	2004-05	2005-06	2006-07	2008/1Q-2Q
（純収入の増加率）	44.3	-12.6	-8.6	40.5	33.9	26.4	20.2	9.5	-119
投資銀行	21.8	26.3	33.6	-0.3	15.9	23.5	9.1	44.6	0.2
資本市場	67.4	68.5	69.4	96.1	57	70.2	75.1	15	97
投資管理	10.8	5.4	-3	4.1	26.8	7.8	16.7	40.6	2.8

出所：Lehman Brothers Holdings Inc., Form 10-K, Form 10-Qより計算。

にまで影響を及ぼすことはないと判断し、また競合他社がリスクを縮小する中で拡張戦略をとればシェアを奪えるとの考えがあったからである。

　これを別の角度から確認したのが、表6である。

　寄与率は、リーマンの各『年報』から、純収入の変化に対する各業務部門の純収入の変化の割合を計算した。表中の投資銀行・資本市場・投資管理は、リーマンの三つの業務部門を指す。

　これを見ると、肝心の拡張戦略がとられた2006-07年には、資本市場業務の貢献は15%しかない。つまり、借入を増やして資産を増加させたものの、当てにしていた資本市場ビジネスは純収入の増大には結びつかず、戦略は失敗であったことがわかる。

　さらに、図1に示したように、2008年第1四半期から第2四半期にかけて純収入は41億ドル（4,100億円）以上の大幅な減少を記録したが、その損失（純収入の増加率はマイナス119%）の実に97%は、資本市場業務によってもたらされている[*]。

　　* **投資管理**　表6の投資管理業務は、リーマンの業務内容の一部である。この業務は、ミューチュアル・ファンド（投資信託）の組成や運用の受託、あるいは個人の富裕層や機関投資家等の資金運用・管理の受託や投資顧問業務などを内容とするもので、基本は手数料収入である。リーマンは、もともと大口顧客である法人相手の営業が中心であったため、相対的に投資管理部門のウェイトは小さかった。しかし、2003年に資産管理会社ニューバーガー・バーマンを買収してこの部門を強化した。

3 リスクの蓄積と流動性不足

過度の不動産投資が足かせに

リーマン経営陣は、拡張路線を突き進むうち、資本市場業務の中心である商業用不動産投資とレバレッジド・ローンの融資限度枠を、社内の反対意見を押し切って、次々と引き上げていった。

表7は、2001年と08年第2四半期の2つの時点で、バランスシートの資産側の変化を比較したものである。不動産、不動産ローン担保証券、売却用不動産に、政府・政府支援機関*が発行した住宅ローン担保証券を加えると、不動産関連の資産が半分近くを占める。住宅市況が一層悪化した時点でも、これだけの売却困難な資産を保有していたのである*。

* **政府支援機関** 政府支援機関であるファニーメイやフレディマックは、民間の金融機関などから住宅ローン債権を買い取り、それらをパッケージ化した証券(住宅ローン担保証券)を発行していた。その額は、約5兆ドル(500兆円)にのぼる。しかし、サブプライム・ローン問題の深刻化で、これら証券には多額の評価損が発生していた。両者は2008年9月に国有化された。
* **リーマンの資産** たとえば商業用不動産については657億ドル(6兆5,700億円:2008年第1四半期)、レバレッジド・ローンでは360億ドル(3兆6,000億円:2007年第2四半期)といった巨額がバランスシートに計上されている。ちなみに、リーマンは、世界中に20万棟以上の不動産物件を保有していたという(マクドナルド/ロビンソン(2009))。

レポ取引による巨額の借入

売却困難な資産は、非流動的(流動性の劣る)資産と呼ばれる。非流動的資産は、商業用不動産のように換金に相当の時間がかかるか、あるいは短期間に現金化しようとすれば大きな損失を出しかねないような資産のことである。市場が下降局面に入れば、そのような資産は売りたくても買い手がつかず、損を覚悟で売却しなければならない。

もちろん損失を避けたければ、あえて売却する必要はない。ただし、借入を返済できるだけの十分な現金(流動性)を手元に持っていればの話である。

表7　リーマンの資産構成比の変化（％）

	2001	2008/2Q
不動産、不動産ローン担保証券、売却用不動産	27.8	34.6
政府・政府支援機関の証券	22.4	10
株式・社債等	37.2	36.2
派生証券等	9.7	17.4

出所：Lehman Brothers Holdings Inc., Form 10-K, Form 10-Q より作成。
注：ここでいう構成比は、リーマンの全資産に対する各資産の割合を示すものではなく、トレーディング商品の構成比である。

しかし、リーマンの手元流動性は不十分で、しかも資金調達（借入）の8割は短期資金であった。その中でもとりわけ超短期のレポ取引[*]に大きく依存していた。

*　**レポ取引**　レポ取引は、欧米では、買戻し条件付き売却取引を意味する。日本では、債券の貸借取引で金銭を担保に差し出す現金担保付債権貸借取引のことを指す。債券の貸手は手持ちの債券を借手に差し出す一方、借手から担保金を受け取る。そして、一定期間後にその逆の取引が行われる。手持ち在庫を利用した資金の調達手段である。

レポ取引とは、リーマンが保有している債券（財務省証券や社債など）を、翌日もしくは数日後にそれを買い戻すという条件付きで売却し、現金を調達する方法である。レポ取引でリーマンに資金を供給していたのは、MMFであり、ヘッジファンドであった[*]。リーマンは、日々の営業を続けるために、レポ市場から1日当たり100億〜1,000億ドル（1〜10兆円）の規模の資金を取り入れていて、2008年には1日で2,000億ドル（20兆円）以上を調達したこともあったという（Valukas（2010））。眼を疑うほどの規模である。

*　**資金の貸手MMF**　MMFなどは、なぜ超短期の融資をするのであろうか。一般に、資金の貸手（債権者）は、他の債権者に優先して資金を回収しようとする。超短期の融資にすれば、悪いニュースが出たら即座に資金を引き上げるといった迅速な対応をとることができる。また、レポ取引での担保は、万一借手（債務者）が破産した場合でも、破産手続きの対象外となっている（アドマティ／ヘルビッヒ（2014））。

日々の営業資金を超短期の借入に頼る一方で、保有資産が非流動的であれ

ばどうなるか。もし、資金の出し手がリーマンの手元流動性や経営内容に疑念を抱くようになれば、リーマンは、借り換えができずたちまち流動性不足に陥ることになる。それを避けるには、損失覚悟での資産売却と増資（自己資本の増強）しかない。しかし、資産売却は経営状況の悪化を自ら市場に宣伝するようなものであり、バランスシートに残っている他の資産の価値にも疑いの目が向けられる。市場の信認を失って、株価は急落した。株価が下落すれば、増資は不可能である。結局、リーマンは破産に追い込まれた。

リーマンの破綻は金融システム全体に波及した

リーマンを破産に導いたのは、ハイ・レバレッジ（低い自己資本比率）、短期負債への過度な依存、ハイ・リスクの長期資産運用による流動性不足にあった。主要な投資銀行が、リーマンの破産以降つぎつぎと姿を消していったのは、リーマンと同様なビジネスモデルを追求していたからにほかならない。

リーマン破産の直接的な原因は、相互依存関係にあったリーマンに短期資金を提供していたMMFやヘッジファンドなどの貸手が、リーマンの支払い能力に不安を抱き、融資の借換えに応じなかったことにある。

しかし、リーマンが破綻すると、投資家はわれ先にMMFやヘッジファンドを解約し始めた。たとえリーマンの破綻の影響を受けていなくても、自分の資金を引き出すのが難しくなるのではないかと、投資家が恐れたからである。MMFの残高は、1週間で3,650億ドル（30兆6,500億円）減少した。

解約が殺到したMMFでは、銀行向けの短期融資を減らし始め、疑心暗鬼を生じたことから銀行間での貸し借り（インター・バンク取引）も停止した。これらの短期融資を資金源としていた欧米の銀行やその他の金融機関は深刻な流動性の問題に直面した。リーマン破綻の影響は、ドミノ倒しのように世界の金融システム全体に及んだのである（アドマティ／ヘルビッヒ（2014））。

金融危機の歴史から見れば、リーマンの破綻原因はきわめてありふれたも

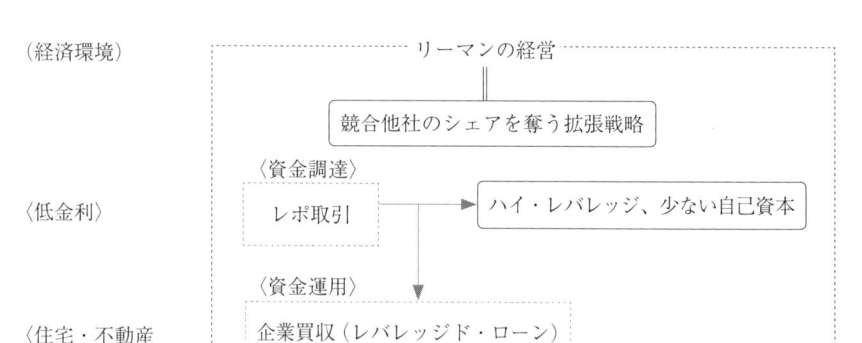

図3　リーマンのビジネスモデル

（経済環境）　　　　　　　　　　　　リーマンの経営
　　　　　　　　　　　　　　　競合他社のシェアを奪う拡張戦略

　　　　　　　　　　〈資金調達〉
（低金利）　　　　　　レポ取引　　　→　ハイ・レバレッジ、少ない自己資本

　　　　　　　　　　〈資金運用〉
〈住宅・不動産　　　　企業買収（レバレッジド・ローン）
　価格の上昇〉　　　　住宅ローン債権の証券化　　　←　リスク管理の軽視
　　　　　　　　　　　商業用不動産への投資など

のであるが、グローバル化によって国内・国外の金融機関が複雑に絡み合い、相互に依存し合っている関係がもたらした危機の国際的な伝播は、きわめて例外的で、今日的な現象である[*]。

　*　**グローバル金融危機**　ラインハートとロゴフは、金融危機の深刻度を測る総合指数を作成している。それに基づくと、リーマン・ショックがもたらした危機は、第二次世界大戦後に発生した「唯一の」グローバル規模の危機であるという（ラインハート／ロゴフ（2011））。

　リーマン破綻の原因を図解すれば、図3のようにまとめることができる。

III 金融規制・監督の落とし穴

　リーマンの破綻は、リーマン自身の経営方針が招いた結果であり、釈明の余地はない。では、リーマンは、なぜ、資本市場業務、とりわけハイリスク・ハイリターン投資へ傾斜したのか、ハイ・レバレッジに依存したのか、適切にリスク管理できなかったのか。これらの3点が問われなければならない。

　そのためには、金融機関を規制・監督する当局側の責任を問題にしなければならない。1980年以降、世界に先駆けて金融・資本市場の規制緩和（金融自由化）を推し進めてきたアメリカの金融当局の対応が、リーマンの暴走[*]を誘発したといわざるを得ないからである。

> [*] **リーマンの暴走**　暴走といっても、リーマンは法を犯したわけではない。2001年、エンロン、ワールドコム、グローバル・クロッシングといった大企業の破綻は、不正経理によるものであった（黒沼（2004））。バルカス報告では、リーマンはレポ取引の会計処理で投資家をミスリードしたが、会計基準に違反したとは述べていない。

1　金融自由化と銀行の証券業務進出

アメリカ金融制度の大転換――グラス・スティーガル法の廃止

　1999年、クリントン政権（民主党）のもとで「金融サービス近代化法」（俗称はグラム・リーチ・ブライリー法。GLB法）が成立した。

　これにより、66年間続いてきた「1933年銀行法」（俗称グラス・スティーガル法。GS法）のもとでのアメリカの金融制度は、大転換することになった。それまでアメリカの金融制度の根幹であった三つの重要な規制、すなわち業務分野規制、預金金利規制、地理的業務規制のすべてが自由化されたのである。

　アメリカでは、日本と異なって、州権を尊重し、銀行への権力集中を嫌う

ことから、長い間、単店銀行制度（支店を持たない銀行）がとられ、1980年の時点でも全銀行数の過半を超えていた。

銀行の支店設置は、GS法によって各州の銀行監督当局の判断にゆだねられていたが、70年代後半から80年代にかけて、多くの州が州銀行法の改正に動き出した。これを受けて、連邦レベルでも1994年に「州際銀行業務および支店業務効率化法」（リーグル・ニール法。RN法）が制定されて、アメリカ全土にわたる店舗網展開が可能になった。

リーグル・ニール法がもたらした銀行の合併・再編

RN法の施行は、銀行の大型合併・再編の大波をもたらした。1980年から2004年までの25年間に、全銀行数は1万4,434行から7,630行へとほぼ半減した。

表8から、銀行の大型合併が90年代に入って加速している様子が見てとれる。高木（2006）によれば、2004年には、全銀行の1％に過ぎない資産100億ドル（1兆円）超の85行が、銀行総資産8兆4,128億ドル（841兆円）の約75％を保有し、非常に激しい集中化が進んでいる。その結果、アメリカの金融制度は、少数の超大手銀行と多数の中小銀行に二極分化することとなった[*]。

* **銀行の規模拡大** 銀行の大規模化を促すもう一つの要因がある。それは、規模が大きくなれば、現実に、「大きすぎて潰せない（too big to fail：TBTF）」からである。銀行が債務超過で倒産すると、甚大な被害が広範に及ぶ。このため、政府は公的資

表8 銀行間の合併・買収（M＆A）の件数（1980-2003年）

	M＆A	うち大型M＆A	全銀行数
1980-1985	2,313	27	14,434（1980年）
1986-1990	2,421	50	
1991-1995	1,973	84	
1996-2000	1,882	133	
2001-2003	618	59	7,630（2004年）

出所：高木（2006）より作成。
注：銀行は連邦預金公社（FDIC）加盟銀行。大型M＆Aは関係した両行の資産がそれぞれ10億ドル超のケース。

金を注入して"救済"せざるをえない。つまり、銀行は大規模化しても倒産する心配はない。これを「TBTF問題」という。さらに、倒産の恐れがなければ、銀行の資金調達コストは低下するから、規模拡大は銀行にとって大きな誘因となる。

念願だった巨大銀行の証券業務進出

銀行は、合併によって規模を拡大しただけでなく、証券業務への進出も企てた。かつてアメリカでは、銀行は証券会社を子会社として保有することができた。しかし、世界大恐慌で株価が暴落すると、ハイリスク・ハイリターンの有価証券に投資をしていた銀行は大きな損害を被って経営危機に陥り、また利益相反[*]を発生させる危険性も懸念された。こうしたことから、GS法では業務分野規制を設け、原則として銀行は預金集めと融資に特化すること、証券に関する業務はすべて証券会社のテリトリーとしていたのである。

> [*] 利益相反　例えば、銀行が、証券子会社を通じて倒産寸前の融資先企業に社債を発行させ、調達された資金を融資の回収にあてれば、社債を購入した投資家は企業の倒産リスクを負担させられることになる。これを利益相反という。

この間、金融規制当局は、GS法を柔軟に解釈することで、銀行持株子会社に社債や株式の引受けと自己売買（ディーリング）業務までも認めてきたが、GLB法の成立で、銀行は子会社を通じて、リーマンなどと同様な業務内容を手がけたり、また投資銀行を買収して子会社とすることができるようになった。業務分野規制は完全に自由化されたのである。

リーマンを含む大手証券会社は、超巨大銀行（グループ・バンク）[*]傘下の投資銀行部門と厳しい競争を強いられることになった。表9は、2004年時点の収支・資産規模について、大手証券会社5社の「合計」と代表的なグループ・バンク2行（シティ・グループとJPモルガン・チェース）の投資銀行部門を比較したものである。

> [*] グループ・バンク　アメリカやイギリスでは、銀行持株会社のもとに証券子会社を持つ形態が一般的であったため、これを持株会社方式のユニバーサル・バンク、あるいはグループ・バンクと呼んでいた。ヨーロッパ大陸では、銀行本体で銀行業と証券業を兼営できるユニバーサル・バンク制度が普及していた。しかし、1990年以降になると、保険や資産運用サービスなども手がける大規模金融グループが登場

表9　投資銀行とグループ・バンクの比較（2004年）

単位：100万ドル

	純収入	純利益	総資産	株式時価総額
五大証券会社（計）	84,727	17,189	2,372,441	200,689
シティ・グループ	21,774	2,038	1,484,101	250,042
JPモルガン・チェース	12,065	2,948	1,157,248	139,034

出所：松川（2005）。
注：総資産と株式時価総額はそれぞれのグループ・バンク全体のものである。

し、組織形態も持株会社が主流になった。こうした金融グループは、金融コングロマリットと呼ばれている。

　融資を通じて企業とのパイプが太いグループ・バンクは、それを利用してM&Aアドバイザリー業務や引受業務へ積極的に進出するようになった。相対的に安価な資金調達手段である預金を利用でき、しかも資本力で圧倒的な優位にあるグループ・バンクの投資銀行業務への参入は、投資銀行が伝統的に担ってきた業務環境を厳しいものにしたのである。

　投資銀行は、生き残りをかけていかに収益性の高いビジネスを確保していくかを迫られた。リーマンが危機意識から新たな拡張戦略に乗り出した背後には、金融の規制緩和がもたらした巨大商業銀行との激しい戦いがあったのである。

2　証券取引委員会（SEC）の規制放棄とハイ・レバレッジ依存経営

証券取引委員会のCSEプログラム

　ハイ・レバレッジに依存する経営には危険性が伴う以上、規制当局は、証券会社の倒産が他の金融機関に影響を及ぼさないよう、また顧客資産の保護に万全を期すためにも、支払能力が一定の水準を下回らないよう規制を課す必要があった。

　こうした規制は、自己資本規制（ネット・キャピタル・ルール。NCルー

ル）として、証券取引委員会（SEC）によって課されてきた。大手証券持株会社5社のグループ子会社である証券会社も、SECに登録され（リーマンの場合は、リーマン・ブラザーズ・インク）、監督・規制を受けていた。

ところが、親会社である持株会社については、GLB法でも監督権限の所在は明確にされず、規制はなされなかった。

このため、SECは、2004年にCSE（Consolidated Supervised Entities）プログラムを「ボランタリー（任意な）」プログラムとして立ち上げた。ボランタリーとは、連結企業体としてSECの監督を受け入れるか否かの判断は、持株会社自身の選択にゆだねられていること、そしてSECは、CSEプログラムに参加した証券持株会社の同意を得て監督に当たることを意味している。大手証券5社はいずれもこのプログラムに参加していた。

CSEプログラムでは、証券持株会社を子会社や関連会社を含めて連結して監督するため、自己資本に関する規定（資本要件）と、SECへの財務報告の義務づけ（報告要件）が課された。

CSEプログラムとレバレッジ

まず資本要件については、バーゼル基準に基づいて計算される銀行の自己資本比率規制と全く同じものが導入された[*]。

* **バーゼル基準** 国際決済銀行（BIS）のバーゼル銀行監督委員会が公表している、国際的に活動する銀行の自己資本比率に関する国際的統一基準をいう。

親会社の自己資本の水準がバーゼル基準に準拠することになれば、証券子会社に適用されるNCルールについても、親会社と整合的な修正を施さなければならない。しかし実際は、証券子会社については、各証券会社が独自にリスク評価した内部格付けなどの内部モデルの利用を認めてしまった。各社が独自に算出した自己資本の水準をSECに提出すれば、NCルールの適用除外が認められることになり、証券子会社のレバレッジの制限は取り払われたのである。その結果、図2で示したように、リーマンのレバレッジ比率は、2005年以降急上昇した。

リーマンのハイ・レバレッジに依存した経営は、SEC公認の下で行なわれたと言っても過言ではない。企業の健全性（支払能力）を確保する責任を、規制当局であるSEC自身が負うのではなく、業界の自主規制にゆだねてしまったのである。

3　リスク管理の落とし穴——SECの監督体制

CSEプログラムと流動性問題

次いで、報告要件の中心をなす流動性の管理をみてみよう。証券会社は、商業銀行と異なり、資金の調達を預金に頼ることができず、すべてレポ取引などの信用市場に依存しなければならない。また、流動性リスクに直面しても、連邦準備銀行（FRB）の融資に頼ることはできない。それだけに流動性を適切に保つことが何よりも重要になる。

流動性のレベルは、各社独自のリスク評価と密接に関わっているから、SECはCSEの各メンバーに、組織内部のリスク管理システムや財務内容などについて定期的に報告することを義務づけ、SEC自身も各メンバーの流動性やリスク管理を監視することになっていた。

しかし、実態は異なっていた。2008年3月ベアー・スターンズの破綻後、監察総監室（OIG：SECの中に置かれ、SECの業務を監査・調査する独立の部門）は、議会の要請を受けて、ベアーに対するSECの監督について調査し、26の勧告を行なっている。その結論は、CSEに対するSECの資本要件は不十分で、流動性のレベルは現実離れしているという厳しいものであった（SEC/OIG（2008））。

リーマンに対しても、まったく同じ過ちが繰り返された。バルカス報告によれば、SECは、2005年以来たびたびリーマンの流動性に適切ではない資産を見つけたが、是正を求めることも、その情報を公開することもせず、さらにはリーマンに対して、流動性に含むべき資産の範囲について全く異なった基準を適用したという[*]。

＊　かつて CSE の上級スタッフであった1人は、調査官バルカスのインタビューに答えて次のように述べている。「SEC は、リーマンが会計士と捻り出す数字をそのまま受け取るだけだから、〔基準を変えても〕とても気楽だった。」(Valukas (2010))。

リーマンの監督機関は一体誰なのか？

　リーマンに対しては、ニューヨーク連邦準備銀行（FRBNY）も潜在的な貸手という立場から、2008年3月に流動性を監視するためのチームを立ち上げた。リーマンの流動性の程度次第では、FRBNY に緊急融資が要請される可能性があったからである。SEC と FRBNY は覚書を作成し、リーマンに関する情報を両者で共有することとした。

　FRBNY は、リーマンの流動性が報告よりも70億ドル（7,000億円）不足していることに気づいていた。しかし、FRBNY の活動は、データの収集と監視に限定されていた。その理由は、リーマンに対する（任意ではあるが）主要な規制当局は、SEC であって FRBNY ではないとの認識があったからである（Valukas (2010)）。結局、リーマンの流動性に関する情報は、両者の間で交換されず、また是正勧告がなされることもなく、リーマンは破綻を迎えたのである＊。

＊　ベアーの次はリーマンが危ないとの危機感のもと、リーマンの破綻を防ぐためにイニシアティブを取って画策したのは、直接の監督機関である SEC ではなく FRBNY であった。

　以上の規制・監督についての問題点をまとめれば、第1に、本来は法的に規制すべき問題を放置し、責任の所在があいまいな自主的なプログラムで対処したこと、第2に、規制を緩和すれば当然必要となる事後的なチェック体制が、このプログラムには欠けていたことである。

　金融危機調査委員会（FCIC）は、「30年以上にわたって、規制緩和と金融機関の自主規制に頼ったために、中心となる安全装置が奪われてしまった。……規制当局に金融システムを守る力が欠けていたのではない。当局は、十分な力を持っていたが、それを行使しないことを選んだ」(FCIC (2011))＊

> **【コラム】銀行危機と金融自由化**
>
> 　金融危機では、通貨危機・インフレ危機・銀行危機・債務危機など、多種類の経済危機が同時に発生することが多い。しかし、概念的には、これらの危機は区別する必要がある。ここでは、本文と直接に関わる銀行危機について、ラインハートとロゴフの世界66ヵ国、1800-2008年の長期分析による研究を紹介しよう。
>
> 　銀行危機とは、銀行取付けがあったか否かに関わらず、銀行の閉鎖・合併・あるいは大規模な政府支援や国有化といった措置が取られたケースを指している。
>
> 　第1に、銀行危機の発生件数は268件、戦後の1945-2008年に限っても106件もあり、その発生率は、高・中・低所得国で変わらない。ちなみに、1992年の日本の銀行危機は、2007年までの戦後の危機で最悪である。第2に、世界の金融センター（イギリス・アメリカ・フランス）では、40回もの危機に見舞われている。第3に、1980年代、90年代には、深刻度の差はあるものの、金融の規制緩和や金融イノベーションといった金融自由化の大半が危機を伴っている。これは、自由化の際の不適切な規制や監視体制の不備が重要な要因となりうることを示唆している（ラインハート／ロゴフ（2011））。

と、手厳しい結論を下している。

* **金融危機調査委員会**　リーマン・ショック後、連邦議会直属の委員会が設置され、金融危機調査報告書が公表された。しかし、民主党委員と共和党委員の意見が合わず、報告書は、民主党委員による本編と共和党委員による反対意見書を併記するという異例の構成になっている。

Ⅳ　金融自由化の帰結

　これまで、まずミクロ的な視点に立って、リーマンという個別企業の行動を観察し（Ⅱ）、次にマクロ的な視点から、その行動がリーマンを取り巻く規制という環境からどのような影響を受けたか（Ⅲ）をみてきた。リーマンの破綻、さらに金融システムの機能不全には、規制の枠組みの変更に伴う監督上の重大な過失があったのであり、「規制の失敗」といってよい。

　では、リーマン・ショックのような事態が再び起きることのないように、将来に向けてどのような規制が望ましいのか。リーマン・ショック以降、規制の在り方について、国内・国外でさまざまな議論が起こっている。

　その中で、アドマティ／ヘルビッヒ（2014）は、金融危機の再発を防ぐために、世界的に事業展開している金融機関の借入依存を大幅に引き下げることを提言している。具体的には、大規模商業銀行には、総資産の20〜30％に相当する自己資本を、またシャドウ・バンクなどシステム上重要な金融機関には、それ以上の割合の自己資本を義務づけるというものである。

1　金融自由化はアメリカ経済に何をもたらしたか？

金融自由化とアメリカの実体経済

　しかし、より根本的な問題は、金融面の規制緩和が、生産や雇用といったアメリカの実体経済にどのような影響を及ぼしたかである。

　図4は、1967年から2007年までの40年間について、アメリカのGDPに対する負債総額の比と実質GDP成長率の変化を示している。これを見ると、1980年まで負債の対GDP比はほぼ一定で150％程度、GDP成長率は年平均で3.4％を達成していた。

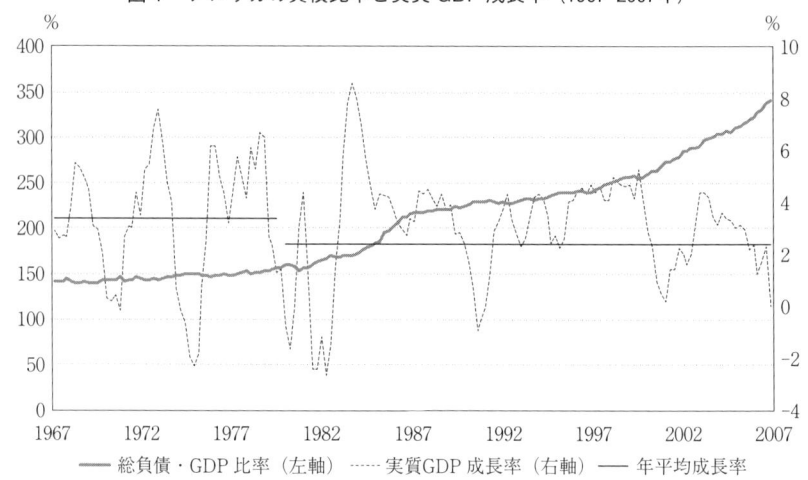

図4 アメリカの負債比率と実質 GDP 成長率（1967-2007年）

出所：Bureau of Economic Analysis より作成。

　ところが、金融自由化が本格化した80年以降になると、負債は急激に増えているのに、GDP の平均成長率は反対に2.4%に低下している。アメリカにおける金融自由化への取り組みは、少なくとも長期的にみる限り、生産や雇用といった実体経済に影響を及ぼしていないように思われる。
　それでは金融自由化には一体どのような意味があったのであろうか。これまで述べてきたことを、金融取引の基礎に立ち返って整理してみたい。

2　金融の役割とは何か？

信用供与と雇用・生産の拡大

　単純に考えれば、信用の供与が行なわれれば、財・サービスへの支出が増えるから生産は拡大し、GDP は増大する。信用の創出は、雇用や生産の拡大と結びついているはずである。
　金融論のテキストでは、金融とは「資金の余剰部門から資金の不足部門へ資金を効率的に流すこと」であるとされる。その機能を担うのが、各種の金

図5 資金の流れと債務証書の流れ

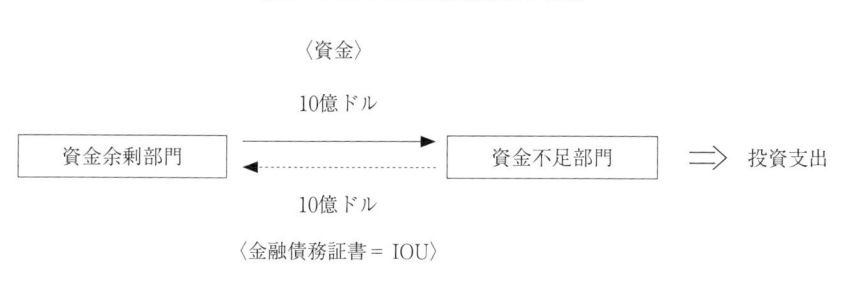

〈資金〉

10億ドル

資金余剰部門 ⟷ 資金不足部門 ⟹ 投資支出

10億ドル

〈金融債務証書＝IOU〉

融仲介機関である。そこで図5のようなケースから出発してみよう。

図5は、資金余剰部門から資金不足部門へ資金が直接流れる様子を表したものである。ただし、資金余剰・不足部門には、家計・企業・政府のいずれの部門が入ってもよいことに注意しよう。不足部門は、余剰部門から資金を借入れる（実線の流れ）代わりに、金融債務証書（借用証書）を発行する（破線の流れ）。以下では、借用証書をIOUと表記しよう。現実の世界では、どの部門が資金不足部門になるかによって、IOUは、株式・社債、国債、住宅ローン借入などさまざまな金融商品の形をとる。言うまでもなく、IOUは、それを発行する部門にとっては債務であるが、保有する部門にとっては資産である。

いま図5で、資金余剰部門を家計部門、資金不足部門を企業部門とし、企業部門は投資のための資金10億ドル（1,000億円）を家計部門から借入れ、代わりに同額のIOU（この場合は株式）を発行するものとしよう。このケースでは、家計部門が提供する信用の10億ドルは、10億ドルの投資支出に直結している。

金融仲介機関の介在

では、図6のケースを考えてみよう。この場合も、企業部門が必要とする資金は変わらず10億ドルとする。

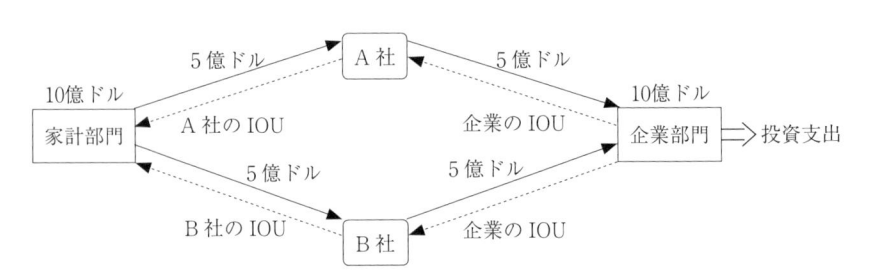

図6　仲介機関の介在（ケース1）

```
                    5億ドル    ┌──┐    5億ドル
               ┌─────────→│A社│←─────────┐
  10億ドル     │                └──┘                │  10億ドル
 ┌────┐       │     A社のIOU        企業のIOU       │      ┌────┐
 │家計部門│←─ ─ ─ ─ ─ ─ ─ ─ ─ ─ ─ ─ ─ ─ ─ ─ ─ →│企業部門│⇒ 投資支出
 └────┘       │     5億ドル          5億ドル       │      └────┘
               │                ┌──┐                │
               └─────────→│B社│←─────────┘
                    B社のIOU    └──┘   企業のIOU
```

　家計部門と企業部門の間には、A社とB社が介在している。A社、B社ともに金融機関である。いま、A社を預金金融機関である銀行、B社を非預金金融機関であるMMF（投資信託）とすれば、これまでの議論との関連が明らかになろう。

　A社は、自分自身の借用証書である5億ドルのIOU（預金証書）を家計に向けて発行し、そうして調達した資金で企業が発行する5億ドルのIOUを購入する。B社も同様に5億ドルのIOU（投資信託受益証券）を発行して、企業のIOUを購入する。

　企業には10億ドルの資金が流れ、それだけ投資支出は増えるが、経済全体では20億ドル（2,000億円）のIOUが発行される（企業の発行分10億ドル＋A社とB社の発行分10億ドル）。さらにC社、D社等々の金融機関が介在してくれば、IOUの発行額は、投資に必要な資金を超えて著しく増加することになる*。

　　＊　**間接金融と直接金融**　家計からA社（銀行）を経て企業に流れる資金の流れを間接金融といい、B社経由のそれを直接金融という。これは、資金の運用側から見た区別である。しばしば、日本の金融システムは、間接金融優位（銀行中心の金融システム）であるといわれる。

　金融資産の量が増えるだけでなく、その種類も多様になっていく。IOUの発行者は、企業部門、A社、B社と、それぞれ異なるから、それぞれのIOUのリスク特性には違いがあり、収益率も異なる。余剰部門にとっては資産選択の幅が広がり、資金を効率的に運用できる可能性が広がる。しかし、

図7　仲介機関の介在（ケース2）

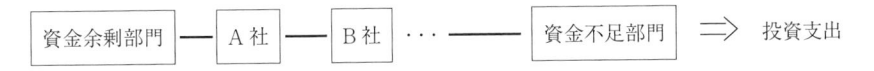

```
┌──────────┐   ┌───┐   ┌───┐       ┌──────────┐
│資金余剰部門│───│A社│───│B社│ ･･･ ─│資金不足部門│ ⇒ 投資支出
└──────────┘   └───┘   └───┘       └──────────┘
```

　資産選択の幅が広がっても、最終的に資金を必要とする企業部門が手にする額は変わらず、実体経済面の雇用や所得が増えるわけではない。
　A社やB社が直接連なっている図7のケースも同様の結果をもたらす。証券化は、さまざまな機能を担う新たな金融機関を介在させる契機となったが、証券化の進展は、介在者の増加、それに伴う借用証書の増大をもたらしたに過ぎないのである。

3　証券化と資本市場の肥大化

リーマンの金融取引

　次にあげる図8は、リーマンの金融取引を、多様化していくIOUに着目して整理したものである。リーマンによる証券化のプロセスについては〔補論〕を参照されたい。
　実線は資金の流れを、点線はIOUの流れを示している。IOUの後のカッコ内は、IOUを発行する部門を示している。例えば、IOU（C）はMMF（C）が資金余剰部門に向けて販売したIOU（アメリカの場合は株式、日本の場合は受益証券）を表している。リーマン（B）は、レポ市場を通じてMMFから借り入れるために、IOU（B）を発行する。こうして得た資金で、リーマンは、住宅購入者（A）のIOU（A）、つまり原債権を住宅ローン会社から購入する。そして、それをもとに新たなIOU（B'）をつくり出す。このIOU（B'）が、住宅ローン担保証券（MBS）である。IOU（B）とIOU（B'）は、どちらもリーマンによって発行されるが、それぞれの性質は異なっている。
　この図では、4種類（（A）（B）（B'）（C））のIOUが生み出されている。これまで見てきたように、MBS証券が投資家に売却できなければ、リーマ

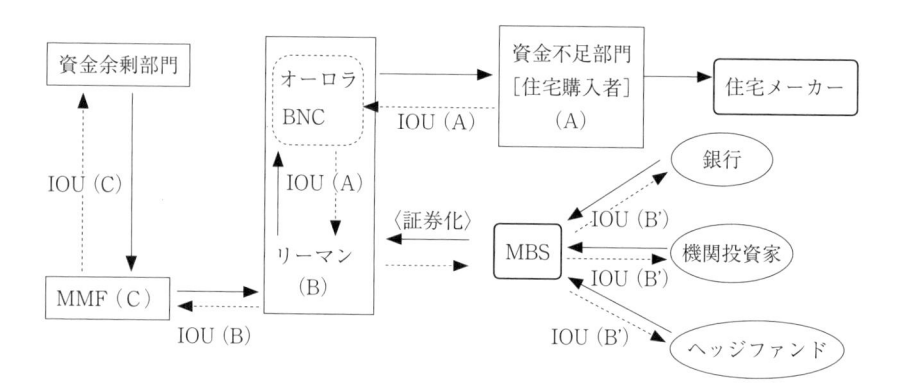

図8 リーマンの金融取引とIOUの創出

ンが購入したローン債権（IOU（A））はリーマンのバランスシートに残り、リーマンはMMFへの返済に窮することになる。

資本市場の肥大化

こうしたさまざまなIOUが、資金余剰部門と不足部門の間に介在する金融機関によって創出され、取引される。結局、証券化は、資金余剰部門と資金不足部門をつなぐ鎖の結び目を増やし、生産や雇用に必要な資金をはるかに超えるIOUを大量に生み出したのである。

そして、いったん発行された借用証書は、流通市場に流れ込み、既発行分と合わせて膨大な"資産（あるいは負債）残高"を形成する。資本市場の肥大化である。図4が示しているのは、2007年にはこうして積み上がったIOUがGDPの350％にまで達していたという事実である。こうした、証券の発行市場が流通市場に吸収され、アメリカ経済で証券市場全体がカジノ化する危険性はすでに指摘されていたことであった（二木（1992））。

V これからの日本の金融システム
——「金融立国」の実体はギャンブルのススメ？

1 ビジネスモデル——離脱か追従か？

ビジネスモデルの喪失

リーマン・ショックが起きるまで、アメリカでは実にさまざまな金融商品が開発され、金融・資本市場で取引されていた。他社の倒産確率に賭けるクレディット・デフォルト・スワップ（CDS）という信じがたい保険商品まで売り出され、CDSのアメリカ国内市場規模は、2001年の8億ドルから2006年には26兆ドル（2,600兆円）にまで膨れ上がっていた。

ギャンブルにのめり込んでいたのは、金融機関だけではない。自動車メーカーのGMは、GMACという子会社を通じて住宅ローン市場に参入していたし、製造業のGE（ゼネラル・エレクトリック）は、利益の半分をGEキャピタルという金融子会社から得ていた（ソーキン（2010））。

こうしたアメリカの企業行動を見て、日本の金融機関のみならず、メーカーも、ビジネスモデルをアメリカのそれに求めたとしても不思議ではない。事実、メガバンクの理想は、シティ・グループであり投資銀行であったし、自動車メーカーのそれはGMであった。

小泉内閣の金融立国宣言

企業だけではない。日本の小泉純一郎政権もまた、「金融改革プログラム——金融サービス立国への挑戦」を発表して、華々しく「金融立国」宣言をした（金融庁（2004））。そこでは、不良債権問題から脱却した後の日本がめざすべき金融システムとして、金融商品の利用者が、自己責任で自由に多様

な資産を選択できるような制度づくりが提唱された。また、利用者の利便性を高めるために、銀行の証券化業務を促進させる必要があると説かれた。

確かに、2005年の時点で見たアメリカの金融部門は、GDPの8％に相当する年間1兆ドル（100兆円）を超える付加価値を生み出しており、600万人を雇用していた。こうした状況を見て、また日本のモノづくりに陰りがみられるとの判断とあいまって、金融立国が声高に叫ばれたのである*。

> * **日本の金融部門** 2013年度末でも、日本の金融部門の付加価値は、対GDPで4.5％と低く、就業者数は、176万人で全体の2.7％に過ぎない（内閣府『平成25年度 国民経済計算年報』）。日米の経済規模の違いを考慮しても、日本の金融部門は雇用の受け皿にはなりえていない。

しかし、リーマン・ショックは、日本経済が範としてきたビジネスモデルの喪失をもたらした。民間企業は早々に軌道修正に取り組んだが、では、政府は、日本の金融システムをどのように立て直そうとしているのか。最後に、政府の政策対応を取り上げておこう。

日本がめざす金融システムは安定ではなく活性化

2013年12月、金融庁は、「金融・資本市場活性化に向けての提言」を発表した（金融庁（2013）。「提言」と略記）。この提言の基本的なスタンスは、小泉政権の改革プログラムと変わっていない。ただ、改革プログラムで謳われていた「銀行の証券化業務促進」という表現は、さすがにここでは削除されている。

この提言によれば、日本がめざすべき金融システムは「安定」ではなく「活力」である。そのために、銀行中心の間接金融に偏った資金の流れを、直接金融を活用した金融システムに変える必要がある。端的に言えば、家計に預金ではなく投資信託を購入させることで、証券市場を活性化させようというのである。それは、先の改革プログラムと同様、銀行に代わって家計がリスクを引き受けるための制度づくりであり、危険資産保有のススメである。

日本の家計は安全性志向

　現在、家計がもつ現金・預金は883兆円である。そのうちの３％が投資信託に向かうとすれば26.5兆円、１％でも8.8兆円が証券市場に流れ込むことになる。証券市場の活性化にとって大きな起爆剤になる。

　家計の資産構成は、よく知られているように、安全資産である現金・預金の保有割合が突出している。その割合は、1970年までさかのぼってもほとんど変化していない。対照的に、株式・債券・投資信託といった危険資産の保有は、低位にとどまったままである[*]。

> [*]　**家計の資産構成**　日本銀行のホーム・ページに掲載されている「資金循環の日米欧比較」をみてみると、日本の家計の総金融資産に占める投資信託の割合は5.6％（アメリカは12.9％）、株式・出資金は10.8％（同じく34.3％）、現金・預金は51.7％（同じく13.3％）となっている（2015年３月末現在）。

　提言の狙い通り、家計は、今後危険資産の保有を増やすであろうか。以下では、理論と実態の両面から家計の資産選択問題について考えてみたい。

2　家計の資産選択問題

危険資産の保有と情報の非対称性

　提言は、投資信託の購入を推奨している。しかし、言うまでもなく、投資信託は、銀行預金と比べて価格変動のリスクが大きい危険資産である。問題は、家計が投資信託のリスクを適切に評価できるかどうかである。投資信託のリスク評価とは、それぞれの投資信託がどの程度のリスク特性を持つか（品質）だけでなく、投資信託を提供する金融機関の経営状況（信用度）も含む。

　家計にとって、多様な投資信託の中から適切な商品を選び出すために必要な情報量とそのコストは膨大なものになる。情報収集・分析・評価にかかる膨大なコストを家計が負担できるとは思えない。そこで、提言では、投資家（家計など）が自らの属性（年齢、金融資産、リスク許容度、収入など）に適した商品を選びやすくするために、リスク・リターンの定量的な比較を示

したり、運用状況に関する情報開示の改善等が必要であるとしている*。

> * **開示情報の偽装** エネルギー商品を売買していたエンロンの倒産（エンロン事件）では、開示された情報が偽装されていた。この事件には、巨大会計事務所アンダーセンが、財務諸表の粉飾に深く関与していただけでなく、大手証券会社の担当アナリストの多くが、エンロン株の「買い」を推奨していた（黒沼（2004））。

　金融機関による情報の開示は、家計の情報収集コストをある程度軽減するかもしれない。しかし、たとえ情報が与えられたとしても、家計は、その真偽を判定できないというより根本的な難しい問題がある。

　これは、経済学でいう「情報の非対称性」の問題である*。借用証書の発行者と家計の間には情報の格差があるのである。家計は、発行者が悪い情報を隠しているのではないかと疑えば、投資信託の価格が大幅に下がらない限り、購入しようとしない可能性がある。そうなれば、投資信託の価格は、適正価格を大きく下回ることになろう。

> * **情報の非対称性** 市場取引で、買い手と売り手の当事者同士が持つ情報の量と質が同一でない状況をいう。通常、商品の売り手は、商品の品質などの情報を詳しく把握しているが（情報優位者）、買い手の持つ情報は限られている（情報劣位者）。このため、情報優位者は、情報劣位者の犠牲のもとで、自らの利益を高める行動をとるため、取引自体が円滑に行なわれなくなる可能性がある。

　あるいは、仮に発行者が正しい情報を提供したとしても、情報劣位にある家計にはそれが正しい情報とは伝わらず、投資信託を購入しないかもしれない。

　後に述べるように、現実に、危険資産を購入する可能性があるのは、中高年の年齢層の人々である。こうした人々にとって、情報の格差は、決して小さな問題ではない。

なぜ銀行預金は安全資産なのか？

　こうしたリスクを回避する方法の一つが、銀行の提供する債務証書である預金を選択するという行動である。もちろん、預金という金融商品にも、情報の非対称性は存在する。しかし、ほとんどの預金者は、預金の安全性、つまり銀行の信用度を気にかけてはいない。

> 【コラム】銀行預金の安全性のコストはだれが負担しているのか
> 　"安全性"は、ただで手に入るわけではないから、預金の安全性を確保するためには、誰かがそのコストを負担しているはずである。
> 　通常、安全な金融商品の金利は低い。国債の金利に代表されるように、貸し付けた資金が返済されないかもしれないという債務不履行のリスク（デフォルト・リスク）が低いからである。もし、資金の借手にデフォルト・リスクがあれば、リスクを嫌う貸手は、金利の上乗せ（リスク・プレミアム）を要求するであろう。
> 　銀行が預金保険機構に加盟していなければ、銀行のデフォルト・リスクは上昇する。預金は危険資産とみなされるから、リスク・プレミアムが発生し、預金金利は上昇する。実際、アメリカで見られたように、MMFは資金の貸手に対して、銀行より高い利回りを提供していた。それは、MMFは、預金保険制度の対象ではなく、保険料の支払いを免れていたからである。
> 　しかし、現実には、預金金利は低い。それは、預金に対する政府の保証を得るために、銀行は、預金保険機構に加盟して保険料というコストを支払っているからである。預金者は、もともと自分が受け取るべきリスク・プレミアムを、安全資産と引き換えに銀行に支払っているのである。一方、暗黙の政府保証のコストは、言うまでもなく、納税者が負担している。

なぜなら、一般の事業会社とは異なり、銀行の場合には、預金者や取引者を保護する安全網（セーフティ・ネット）が準備されている。

各金融機関は、経営危機に備えて預金保険に加入している（預金保険機構）[*]。もし銀行が破綻すれば、預金保険機構が預金者に一定額の保険金を支払うこと（ペイオフ）を政府が明示的に保証しているのである。

* **預金保険機構**　預金保険機構は、政府・日本銀行・民間金融機関が出資して、1971年に設立された。預金保険の実効料率は、1995年まで預金1円に対して0.012％、その後、90年代後半に北海道拓殖銀行や日本長期信用銀行などの大型破綻が相次いだため、96年に0.084％に引き上げられていた。しかし、金融機関の破綻が一服したとの判断から、2015年から0.042％に引き下げられている。

さらに、政府による暗黙の保証もある。政府は、支払い能力の危機（経営破綻の危機）に陥った銀行に対して公的資金を投入するし、場合によっては

不良資産を買い上げて、銀行を存続させようとする。この暗黙の保証は、大規模でシステム上重要な銀行については、暗黙ではなくもはや"確信"になっているともいえる（TBTF問題）。

こうした政府の明示的・暗黙の保証があるため、銀行預金は、安全な金融商品とみなされているのである。

3 「金融立国」は幻想である——家計のリスク負担能力は限界

家計は追加的なリスクを負担できるか？

日本の家計が安全資産を志向する背景には、何らかの特別な理由があるのであろうか。家計の実態調査からこの点を探ってみたい。

表10は、二人以上の世帯が保有する資産の構成を20年間にわたって見たものである。

家計の資産は、大きく分けて、実物資産と金融資産から成る。しかし、負債も抱えているため、金融資産から負債を差し引いた金融純資産に実物資産を加えたものが、世帯の純資産総額になる。

この表から浮かび上がってくるのは、住宅を購入するために住宅ローンを組み、デフレが進行する中で（デフレになれば負債の実質価値は増加する）、できるだけ安全資産を積み増そうとしている家計の姿である。

日本では持ち家志向が強いため、実物資産のほとんどは不動産（住宅・宅地）である。それらが純資産総額に占める割合は、70％以上と非常に高い。不動産は、非流動的な危険資産であるから、家計は、潜在的に大きなリスクをとっていることになる。不動産が危険資産であることは、その価値が、バブル崩壊後の1994年以降大幅に低下し、20年間で44％も急減していることからも明らかであろう。

他方で、家計は、株式、投資信託、貸付信託といった有価証券も保有している。それらの保有割合は、５％前後と決して高くはないが、不動産と合わせれば、すでに全資産の75％以上を危険資産で保有していることになる。リ

表10　二人以上の世帯の平均資産残高（1989年-2009年）

単位：万円

	1989年	1994年	1999年	2004年	2009年
① 実物資産［住宅・宅地のみ］	4,500	4,294	3,297	2,786	2,514
② 金融資産 ［うち有価証券］	1,049 (269)	1,318 (208)	1,452 (168)	1,520 (166)	1,473 (196)
③ 負債 ［うち住宅・土地取得目的］	369 (304)	471 (407)	557 (487)	569 (492)	526 (449)
④ 金融純資産　［②-③］	681	847	895	950	947
⑤ 世帯の純資産総額	5,372	5,375	4,387	3,900	3,588

出所：内閣府『平成21年　全国消費実態調査報告』より作成。
注：1）数字は、各年の11月末日現在。
　　2）①には、耐久消費財などが含まれるため、①と④の合計と⑤は一致しない。

スクを分散するには極めて相応しくない資産選択と言ってよい。家計には、これ以上危険資産を持つ余力はないであろう。

中高年層へのギャンブルのススメ？

ただ、まったく可能性がないわけではない。それは中高年層である。例えば、2009年について、純資産総額の階級別の世帯分布を見ると、低い階級に偏った分布になっていて、平均値3,588万円以下の世帯が全体の約2/3を占めている。また、世帯主の年齢階級別をみると、純資産総額は、60歳以上が約5,000万円と最も多く、30歳未満の約6倍となっている。富が中高年に集中し、若年層に厳しい状況が窺われる。また、中高年の不動産の保有割合は60％と平均より低く、金融純資産も平均世帯の2倍となっている（内閣府『平成21年　全国消費実態調査報告』）[*]。

* 祝迫（2012）によれば、2000年代に入って以降、20代・30代の若年世代は持ち家志向をより強めており、持ち家志向の低下によるリスク金融資産への投資の増加という目論見は、まったく実現していない。

これらのことから、結局、提言が望みを託すことができるのは、中高年に

よるリスク負担の可能性以外にはないのである。そして、先に述べたように、中高年にとって、情報の非対称性がもたらす負の効果は、非常に大きいといわざるを得ない。

　提言は、家計の安全資産志向のために資金が銀行に集中している現状を、資金が「眠っている」という。しかし、眠っているかどうかは、銀行自身の資金運用能力の問題である。もし資金の貸付先がなく「眠っている」というのであれば、将来性が見込める企業を発掘し、見極め、適切なリスク評価を行ないながら企業を育てる、いわば銀行の目利きと、適切なリスク負担能力に問題があるといわざるを得ない。リスク負担は銀行の役割であって、それを家計に押し付けるのは問題のすり替えである。

　日本がめざす金融システムの活性化が、中高年へのギャンブルのススメであるとすれば、政府は、リーマン破綻の経験から、一体、何を学んだのであろうか。

おわりに

　金融グローバル化の流れが今後も一層進むとすれば、私たちの預金や老後に備えるための年金積立金は、銀行や年金基金の資金運用次第で、突然の、しかも避けがたい影響を受けることが予想される。他人ごとではないのである。

　こうした危惧は、事態を誇張していると思われるかもしれない。しかし、公的年金（GPIF）、ゆうちょ銀行やかんぽ生命の株式保有比率の引き上げの動き、さらには確定拠出年金制度の一層の普及活動にみられるように、危険資産をあまねく保有させることで証券市場を「活性化」させようとの思惑がいたる所でみられる。

　私たちの社会は、膨大な金融資産ストックを生み出してきた。実物投資をはるかに上回る金融債務証書が創出され、しかもそれらは容易に現金化（流動化）することができる。このため、金融システムは、金融資産の売買その

ものをゲームの対象にしてしまうカジノ的性格を持ちやすい。このジレンマからいかに抜け出すか、金融システムに興味を持った人たちが，リーマン・ショックを教訓にこの課題に取り組むことを期待したい。

Ⅵ 補 論

本文を理解するうえでカギとなる「レバレッジと収益率」と「証券化」について、補足して説明しておこう。

1 レバレッジと収益率について

バランスシートをつぎのように書こう。

（資産） A	（負債） B
	（自己資本） K

自己資本、レバレッジ比率（m）、収益率（ρ）は次のように定義される。

(1) $K = A - B$

(2) $A/K = m$

(3) $\rho = (gA - rB)/K$

ここで、gは投資の平均利回り、rは借入利子率を表す。ρは、一般に、自己資本利益率ないし株主資本利益率（Return on Equity：ROE）と呼ばれるもので、株主の資本がどれだけ効率的に使用され利益を上げたかを示す。このため、ρは、株式市場における自社の評価に敏感な経営者が重視する指標でもある。

(1)式と(2)式からAとBを求めて(3)式に代入すると、次式を得る。

(4) $\rho = mg - mr[m-1]/m$

$\quad \fallingdotseq m(g-r)$

これより、たとえgとrの差が小さくても、m（レバレッジ）を大きくすることで収益率を高めることができる。しかし、もし資産価値が変動してg＜rとなれば、mが大きいほど損失はより大きくなる。なお、自己資本を投

資家からの基金とみなせば、上記の関係はヘッジファンドについても同様にあてはまる。

2　証券化について

証券化の背景

　証券化導入の契機は、全米でコミュニティを基盤に不動産金融を専門としていた貯蓄金融機関（貯蓄貸付組合（S&L）や相互貯蓄銀行など）、とりわけS&Lの救済であった。70年代にインフレが続いて市場金利が高騰すると、貯蓄金融機関にも預金金利の上限規制が適用されていたため、S&Lから預金が流出した。このため、S&Lなどは市場の実勢に反応して変動する市場性資金の取り込みを図った。しかし、資金運用面では低利・長期（30年）の住宅貸付を抱える一方、資金調達面では高騰する短期の資金源に依存することとなったため、S&Lの収益は極度に悪化することとなった。

　こうして採用されたのが、アメリカの国をあげての証券化政策である。政府の住宅金融プログラムのもと、流動性の低い——直接売買することが難しい——住宅貸付債権を流動化し、政府の保証を付けて流通証券として投資家に販売し、住宅融資に多様な資金を呼び込もうとする政策である（井村（2002））。

　これによってS&Lは、住宅ローン債権を売却できることになった。長期でかつ非流動的な資産（住宅ローン債権）がバランスシートから取り除かれるため、S&Lは、「短期借りの長期貸し」にまつわるさまざまなリスクから解放されることになった。

　やがてこの政策は、住宅金融の領域に大手商業銀行や住宅ローン会社などの新規参入を促すこととなり、それに伴って、証券会社の関与が強まることになった。住宅ローン債権を証券という形に変換して投資家に販売するためには、証券の引受けから分売にいたる専門的技術を持つ主体の参加が不可欠だからである[*]。また、それとともに、証券化の対象となる資産も、住宅ローンだけでなく、商業用不動産・消費者・自動車ローンなど、およそ将来一定

の収益が見込める資産であれば、何でも証券化されるようになった（松井(1986)）。

* **手数料の自由化** 1975年に証券の引受手数料が自由化されたため、それまで証券会社の収益を支えていた手数料収入は大幅に落ち込んだ。収益源の多様化に迫られていた証券会社にとって、証券化の流れは歓迎すべきことであった。

証券化の仕組み：リーマンのケース

証券化がどのような仕組みで行なわれるのか、リーマンのケースを取り上げてみよう。図9は、住宅ローン債権が証券化される仕組みを図式化したものである。

リーマンは、関連子会社として、複数の住宅ローン会社を持っていた。そのうち、オーロラ・ローン・サービス社はAlt-Aローンを、BNCモーゲージ社はサブプライム・ローンを、それぞれ住宅購入者に貸付ける役割を担っていた。

証券化は、次のような手続きを経て行なわれる。まず、オーロラ社やBNC社は、保有している多くの住宅ローン債権（これを原債権という）をまとめてリーマンに売却する。通常、リーマンのような投資銀行は、買い上げたローン債権を長期にわたって保有することはない。数ヶ月以内に、大量に購入したローン債権をパッケージ化し、そのパッケージの所有権を住宅ローン担保証券（MBS）として、何口かに細切れにして売却する。MBSを購入した投資家には、パッケージに含まれるローンからの上りが、保有する口数に

図9　リーマンによる住宅ローン債権の証券化

〈住宅ローンの借手〉　〈ローンの貸手〉　　　　　　　　　　　　　〈投資家〉

住宅ローン債権　　オーロラ・ローン・　資産売却　　　　　証券発行　銀行
住宅購入者　　→　サービス　　　　　→　リーマン　⇒　機関投資家
　　　　　　貸付金　BNCモーゲージ　購入代金　　　払込金　ヘッジファンド

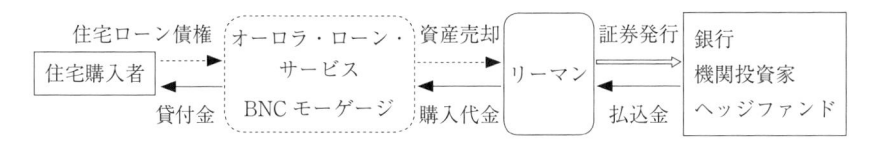

応じて支払われる。

　ただ、MBS の価値は、ローン債権が裏付けとなっているから、ローンの借手（住宅購入者）が融資を返済できないかもしれないという信用リスクを抱えている。このため、リーマンは S&P やムーディーズなどの格付け会社に依頼して、個別の住宅ローンの質を査定、債券のパッケージ化を監督してもらう。こうしてつくり出された MBS は、銀行、年金基金などの機関投資家、ヘッジファンドなどに向けて販売された[*]。もちろん、MBS を購入した投資家は、それらを手元に保有することも、また流通市場で他の投資家に転売することもできる。

　　[*]　リーマンは、オーロラ社などから買い上げる原債権に、証券化の過程で生じる費用や自らの手数料といった付加価値を付け加えるから、MBS の価値総額は原債権よりも大きくなる。しかし、原債権の価値は MBS が市場でどの程度売れるかに依存するため、リーマンは、絶えず原債権の買入価格を予想しなければならない。したがって、サブプライム危機で MBS の価値が急減して原債権の価格予想に失敗すると、MBS の売却減に加えて原債権の評価減も発生する。これが2008年第3四半期中に起こったのである（Valukas（2010））。

証券化の問題点

　証券化は、ミクロ的にみれば、リスクを他者に転嫁できるだけでなく、資産の圧縮と自己資本比率の引き上げにも役立つ。なぜなら、住宅ローンを提供するオーロラ社や BNC 社は、住宅ローン債権をリーマンに売却してしまうので、債権の長期保有に伴うリスクを免れることができる。また、売却によって資産が減るため、自己資本比率の引き上げにも貢献する。実際、こうしたリスク分散や財務体質の改善効果は、証券化のメリットとしてしばしば強調されている。

　しかし、現実には、オーロラ社や BNC 社は、財務健全化のためにローン債権を売っていたわけではなく、むしろリーマンに売却して得た資金を使って、次々と新たな住宅ローンを提供する、いわば「信用の循環」ビジネスに励んでいた。

　事実、リーマンの『報告書』によれば、傘下のローン会社が貸付けた金額

は、2006年には940億ドル（9兆4,000億円）、2007年には1,070億ドル（10兆7,000億円）の巨額に上っていた。

証券化それ自体にメリットがないわけではないが、それは誰にとってのメリットなのかを改めて問う必要がある。

MBSの場合でいえば、MBSの裏付けとなっている原債権であるもともとの住宅ローン貸付の質を維持すること（ローンを受ける借手の信用度のチェック）は、証券化に携わるさまざまな主体にとって、重要なポイントとなるはずである。しかし、ローン債権を直ちに売ってしまうオーロラ・BNC社はもちろんのこと、買い上げた債権を証券化して販売するリーマンに、原債権の質のチェックとその維持を期待することは難しい。

リーマンは、2007年8月にBNC社を閉じ、サブプライム・ローンの融資を打ち切った。しかし、オーロラ社が提供するAlt-Aローンはむしろ増大傾向を見せ、融資条件もBNC社が手がけたサブプライム・ローンに類似していった。

2008年には、アメリカ全体で、住宅ローン債権の証券化は激減したが、そのような状況の中でも、リーマンが世界中から関連子会社を通じて買い上げた住宅ローン債権は、2008年5月末で83億ドル（8,300億円）、8月末でも63億ドル（6,300億円）に上っていた（Valukas（2010））。リーマンの経験が教えているように、証券化は、リスクを他者に移転する仕組みであるが、証券化商品の価格下落でリスク移転に失敗すれば、そのリスクは自らが負わなければならない。

参考文献

井村進哉（2002），『現代アメリカの住宅金融システム——金融自由化・証券化とリーテイルバンキング・公的部門の再編——』，東京大学出版会。
小立敬（2013），「シャドーバンキングの発展とそのリスクの蓄積，日本のシャドーバンキング・セクター」，FSA Institute Discussion Paper Series、金融庁金融研究センター。
樋口修（2003），「米国における金融・資本市場改革の展開」，『レファレンス』国立国会図書館，平成15年12月。
二上季代司（2009），「金融業務の変質とリスク管理」，Working Paper No. J-9、滋賀大学経済学部附属リスク研究センター。
二木雄策（1992），『マクロ経済学と証券市場』，同文館。
祝迫得夫（2012），『家計・企業の金融行動と日本経済——ミクロの構造変化とマクロへの波及——』，日本経済新聞出版社。
岩田規久男（2009），『金融危機の経済学』，東洋経済新報社。
金融庁（2004），「金融改革プログラム——金融サービス立国への挑戦——」，平成16年12月。
金融・資本市場活性化有識者会合（2013），「金融・資本市場活性化に向けての提言」，金融庁，http://www.fsa.go.jp/singi/kasseika/20131213/01.pdf。
黒沼悦郎（2004），『アメリカ証券取引法』第2版，弘文堂。
松井和夫（1986），『セキュリタイゼーション——金融の証券化——』，東洋経済新報社。
松川力造（2005），「米国の投資銀行の状況にみる金融・資本市場の流れ——機能の高度化と業際化・融合化が重なり合う展開——」N-88、日本政策投資銀行ニューヨーク駐在員事務所報告，国際・協力部，2005年3月。
日本銀行 調査統計局経済統計課（2001），『入門 資金循環——統計の利用法と日本の金融構造——』，東洋経済新報社。
日本証券経済研究所（2013），『図説 アメリカの証券市場』2013年版，日本証券経済研究所。
日本証券経済研究所（2014），『図説 日本の証券市場』2014年版，日本証券経済研究所。
翁百合（2010），『金融危機とプルーデンス政策——金融システム・企業の再生に向けて——』，日本経済新聞出版社。
千田純一（2008），「サブプライム・ローンの陥穽——わが国の証券化への教訓——」，『商学研究』（愛知学院大学），第49巻，第1号。
高木仁（2006），『アメリカの金融制度——比較社会文化による問題接近をめざして——』改訂版，東洋経済新報社。
アナト・アドマティ／マルティン・ヘルビッヒ（土方奈美訳）（2014），『銀行は裸の王様である』，東洋経済新報社。
チャールス・キンドルバーガー（吉野俊彦／八木甫訳）（1980），『金融恐慌は再来するか』，日本経済新聞社。
ローレンス・マクドナルド／パトリック・ロビンソン（峯村利哉訳）（2009），『金融大狂乱——リーマン・ブラザーズはなぜ暴走したのか』，徳間書店。

アンドリュー・ロス・ソーキン（加賀山卓朗訳）（2010），『リーマン・ショック・コンフィデンシャル—追いつめられた金融エリートたち』上・下巻、早川書房。
カーメン・ラインハート／ケネス・ロゴフ（村井章子訳）（2011），『国家は破綻する——金融危機の800年』、日経BP社。
BIS（2007），77th *Annual Report*, 2007, June 24, Bank for International Settlements.
Capiro, G Jr., and D. Klingebiel (1996), "Bank Insolvency: Bad Luck, Bad Policy, or Bad Banking?" In *Annual World Bank Conference on Development Economics*, 1996, ed. Pleskovic, B. and J. Stiglitz. Washington, D. C.: World Bank.
European Commission (2003), *Directive 2002/87/EC of the European Parliament and of the Council of 16 December 2002*, Official Journal of the European Union.
Financial Crisis Inquiry Commission (FCIC) (2011), *The Financial Crisis Inquiry Report*, Authorized Edition, Public Affairs, New York.
IMF (2010), "Sovereigns, Funding, and Systemic Liquidity." *Global Financial Stability Report*, Washington. D. C. October.
Kohn, D. L. (2007), "Financial Stability: Preventing and Managing Crises", at the Exchequer Club Luncheon, Washington, D. C., Board of Governors of the Federal Reserve System.
Lehman Brothers Holdings Inc., *Annual Report, Form 10-K*（各年版）.
Lehman Brothers Holdings Inc., *Quarterly Report, Form 10-Q*（各年版）.
SEC/OIG (2008), *SEC's Oversight of Bear Stearns and Related Entities: The Consolidated Supervied Entity Program*, Report No. 446-A.
Valukas, A. R. (2010), *Report of Anton R. Valukas*, March 11. レポートはインターネット http://jenner.com/lehman/ から入手可能。

索引

[欧文]

Alt-A ローン　9, 47, 49
CSE プログラム　24-25
IT バブル　7
ROE　45
TBTF 問題　23, 40

[ア行]

安全資産　37-38
安全網（セーフティ・ネット）　39
インター・バンク取引　19

[カ行]

カジノ化　iii
合併・買収（M＆A）　8, 22
株主資本利益率　45
間接金融　32, 36
機関投資家　6
危険資産　36-37, 40
規制の回避　4
規制の失敗　29
銀行危機　28
銀行持株会社　6
金融危機調査委員会（FCIC）　27-28
金融コングロマリット　24
金融債務証書（借用証書：IOU）　31, 33-34, 42
金融システム　i, 2, 4, 19
金融自由化　28
金融仲介機関　31
金融仲介機能　2
金融のグローバル化　ii
金融の自由化　i
グラス・スティーガル法（GS法）　21
グラム・リーチ・ブライリー法（GLB法）　21

グループ・バンク　23-24
クレジット・デフォルト・スワップ（CDS）　35
グローバル金融危機　20
国際決済銀行（BIS）　25
コモデティ　8

[サ行]

サブプライム・ローン　ii, 9, 47, 49
資金不足部門　31
資金余剰部門　31
自己資本　8, 11, 20
自己資本比率　13, 19
自己資本比率規制　25
自己資本利益率　45
資本市場業務　8, 16
シャドウ・バンク　4-5
住宅ローン担保証券（MBS）　33
証券化　i, 3, 20, 46-48
証券化事業体　3-4
証券化商品　3, 8
証券取引委員会（SEC）　12, 24
証券持株会社　6
情報の非対称性　38, 42
シンジケート・ローン　9
政府支援機関　17

[タ行]

直接金融　32, 36
貯蓄貸付組合（S＆L）　46
デリバティブ　12
デ・レバレッジ　14
投資会社　3
投資管理業務　8, 16
投資銀行　6, 24
投資銀行業務　8

投資信託　ii, 36-38, 40
ドミノ倒し　19
トレーディング業務　8

[ナ行]

ニューヨーク連邦準備銀行（FRBNY）　27
ネット・キャピタル・ルール（NCルール）　24-25
年金積立金管理運用独立行政法人（GPIF）　iii, 42

[ハ行]

ハイリスク・ハイリターン　12
ハイ・レバレッジ　20, 24
バランスシート（貸借対照表）　11
バルカス報告　15, 21, 26
非預金金融機関　2, 4
非流動的資産　17
プライム・ブローカー　9
ブローカー・ディーラー　5
ペイオフ　39
ヘッジファンド　i, 8-9, 18-19

[マ行]

マネー・マーケット・ファンド（MMF）　3
ミューチュアル・ファンド（投資信託）　16

[ヤ行]

ユニバーサル・バンク　23
預金金融機関　2
預金保険機構　39

[ラ行]

リーグル・ニール法（RN法）　22
利益相反　23
流動性　1, 19, 26
レバレッジ　i
レバレッジ効果　12-13
レバレッジド・ローン　9, 20
レバレッジ比率　10, 13, 25
レポ取引　17-18, 20
連邦準備制度理事会（連邦準備銀行）（FRB）　iii, 5, 26

【著者紹介】

荒井　好和（あらい・よしかず）

1948年生まれ。
神戸大学経営学部、同大学院経営学研究科博士課程を経て、現在南山大学経済学部教授。
専攻：金融論。

〈主著〉
「経済主体の金融行動」千田純一・椙山孝金編『現代金融入門』、中央経済社、1993年。
「法、投資家保護および金融発展」、『アカデミア（人文・社会科学編）』、南山大学、2003年1月。
「新しい時代の金融行政」鐘ヶ江毅・千田純一編『新しい時代の金融システム』、勁草書房、2005年。
「金融危機と金融行政」、『商学研究』、愛知学院大学、2008年10月。

〈21世紀南山の経済学⑥〉
リーマンはなぜ破綻したのか
──われわれは皆、非自発的ギャンブラーである

2016年3月31日　第1刷発行　　定価（本体700円＋税）

著　者　荒　井　好　和
発行者　栗　原　哲　也
発行所　株式会社　日本経済評論社
〒101-0051　東京都千代田区神田神保町3-2
電話　03-3230-1661　FAX　03-3265-2993
info8188@nikkeihyo.co.jp
URL：http://www.nikkeihyo.co.jp

装幀＊土岐悠二　　　　　印刷＊文昇堂・製本＊根本製本

乱丁・落丁本はお取替えいたします。　　　Printed in Japan
Ⓒ ARAI Yoshikazu 2016　　　　ISBN978-4-8188-2422-5

・本書の複製権・翻訳権・上映権・譲渡権・公衆送信権（送信可能化権を含む）は、㈱日本経済評論社が保有します。

・JCOPY〈㈳出版者著作権管理機構　委託出版物〉
本書の無断複写は著作権法上での例外を除き禁じられています。複写される場合は、そのつど事前に、㈳出版者著作権管理機構（電話03-3513-6969、FAX03-3513-6979、e-mail: info@jcopy.or.jp）の許諾を得てください。

〈21世紀南山の経済学〉は、南山大学経済学部創設50周年を記念して、2010年より経済学部教員が順次執筆し、シリーズとして刊行するものである。出版にあたって、日本経済評論社の御協力をいただいたことに感謝する。　　　南山大学経済学部・経済学会

21世紀南山の経済学①
就職・失業・男女差別──いま、何が起こっているか
　　岸　智子著　　　　　　　　　本体700円（税別）

21世紀南山の経済学②
高校生のための数学入門
　　西森　晃著　　　　　　　　　本体700円（税別）

21世紀南山の経済学③
やさしい経済学史
　　中矢俊博著　　　　　　　　　本体700円（税別）

21世紀南山の経済学④
厚生経済学と社会的選択の理論──経済政策の基礎理論
　　水谷重秋著　　　　　　　　　本体700円（税別）

21世紀南山の経済学⑤
キーワードを知れば経済がわかる
　　花井　敏著　　　　　　　　　本体700円（税別）